赵声良 主编

敦煌研究院 编

第一辑

敦煌
文化驿站
丛书

LECTURES ON
DUNHUANG
CULTURE

文物出版社

图书在版编目（CIP）数据

敦煌文化驿站. 第一辑／敦煌研究院编；赵声良主编.
—— 北京：文物出版社, 2023.8
　ISBN 978-7-5010-8035-9

　Ⅰ. ①敦… Ⅱ. ①敦… ②赵… Ⅲ. ①敦煌学－文集
Ⅳ. ①K870.6－53

中国国家版本馆CIP数据核字 (2023) 第074410号

敦煌文化驿站

编　　者　敦煌研究院
主　　编　赵声良
策　　划　李　萍
执行编辑　孔令梅

责任编辑　王　媛
助理编辑　耿瑷洁
装帧设计　马吉庆
责任印制　王　芳

出版发行　文物出版社
社　　址　北京市东城区东直门内北小街2号楼
邮政编码　100007
网　　址　http://www.wenwu.com
经　　销　新华书店
制版印刷　文物出版社印刷厂有限公司
开　　本　700mm×1000mm　1/16
印　　张　10.5
版　　次　2023年8月第1版
印　　次　2023年8月第1次印刷
书　　号　ISBN 978-7-5010-8035-9
定　　价　68.00元

序
Preface

　　我们今天讲"敦煌文化遗产"，包括三个方面的内容：其一，是敦煌地区的古代文化遗存，如汉代长城、汉简、各时代的出土文物等；其二，是营建于4~14世纪的敦煌石窟（包括莫高窟、西千佛洞、榆林窟等）；其三是莫高窟藏经洞出土的数万件文物。这三个方面文化遗产所反映出的敦煌古代文化不仅历史悠久，而且内涵极其丰富，艺术极为精湛，在世界上绝无仅有，是中华优秀传统文化的代表。一百多年来，随着敦煌文化在国内外产生了重大的影响，形成了一门国际性的学科——敦煌学。也因敦煌学的发展，敦煌文化在世界范围内产生了深远的影响。

　　古代敦煌文化的兴盛与丝绸之路的交通密切相关。从汉代到唐代，丝绸之路的持续繁荣，东来西往的驿使、客商、僧侣等各方面人士聚集或停留于敦煌，推动了敦煌一地经济、文化的发展。在佛教信仰的推动下，以莫高窟为代表的石窟艺术持续千年不断地营建，代表了千百年来中国古代艺术家的智慧和创新精神。敦煌文化艺术的成果，使我们深刻认识到：开放促进发展，交流带来繁荣。从敦煌文化中我们可以看到，既有佛教文化，也有源自中亚、西亚的祆教、摩尼教，以及中国本土的道教文化。敦煌艺术中，既可以看到印度本土、中亚乃至古希腊的艺术风格，也可以看到中国传统的风格；敦煌写本中，既有大量的汉文写本，也有相当数量的梵文、吐火罗文、回鹘文、吐蕃文写本，甚至还有叙利亚文写本。中国传统文化正是以开放包容的精神在不断地吸收优秀外来文化中发展和强大，形成了数千年文明的持续辉煌。

2019年8月19日，习近平总书记亲临敦煌莫高窟视察，并在敦煌研究院主持召开座谈会，发表了重要讲话。他指出："中华文明以海纳百川、开放包容的广阔胸襟，不断吸收借鉴域外优秀文明成果，造就了独具特色的敦煌文化和丝路精神。""敦煌文化展示了中华民族的文化自信。"我们今天认识和研究敦煌文化，就应该沿着这个方向，从敦煌文化中探索中华文化的精神、中华民族的气度，继承和发扬敦煌文化这种海纳百川的优良传统，在广泛吸收优秀外来文化的同时不断丰富自己，创造有中国特色、中国气派的社会主义新文化。

从2015年起，敦煌研究院文化弘扬部开始筹划"敦煌文化驿站"项目，持续邀请丝绸之路与敦煌学研究的专家学者面向普通听众解析丝绸之路与敦煌文化的相关问题。为什么取名为"敦煌文化驿站"呢？中国在数千年前就已形成了通过驿站传递信息的制度。汉代，随着丝绸之路的发展，道路沿线设立很多驿站，朝廷派遣驿使将各类公文传至各地，驿站就是驿使中途休息、更换马匹的场所。驿使同时也承担着传递邮件的功能，各地的信息通过驿使得以传送。敦煌发现的悬泉置，就是古代一个重要的驿站。按今天的说法，驿站就是一个信息传播的中转站。"敦煌文化驿站"项目，就是要发挥中转站的作用，把博大精深的敦煌文化内容传播给普通民众。

　　"敦煌文化驿站"讲座的主讲者都是与敦煌学和丝绸之路相关的学术界知名学者，受邀的学者们都非常认真进行了准备，尽可能深入浅出地把深奥的学术问题讲得明白易懂，所以自开讲以来深受听众喜爱，几乎场场爆满。很多听众希望有文本参考，以便更加深入地了解敦煌与丝绸之路文化。为满足广大读者的需求，敦煌研究院决定编辑整理"敦煌文化驿站"讲座内容，作为系列丛书陆续出版。希望广大读者通过这套丛书能够从敦煌文化中获取知识，获得灵感，从而更深刻地领会中华优秀传统文化，坚定文化自信。

赵声良

2023年5月于敦煌莫高窟

目 录
Contents

赵声良，云南昭通人，敦煌研究院编辑部主任、研究馆员、博士生导师。1984年毕业于北京师范大学，同年到敦煌研究院工作。2003年获日本成城大学文学博士学位（美术史专业）。曾先后受聘为东京艺术大学客座研究员、台南艺术大学客座教授、普林斯顿大学研究员。主要从事敦煌艺术和中国美术史研究，发表论文60余篇，出版著作10余部。

敦煌艺术与大唐文明

各位朋友，大家下午好！今天，我非常高兴能在这里和大家交流关于敦煌艺术与唐代文明的一些研究心得。

一、唐代佛教寺院与石窟对普通民众的意义

在中国历史上，距今一千多年的唐代是一个非常强盛的时代，至今仍有很多文化遗存。其中，敦煌艺术就提供了非常丰富的史料，可以让今天的人们更好地认识唐代文明。下面，就让我们从敦煌走进唐代。

了解唐代文明有一个前提：唐代是佛教盛行的时代。现在，很多人对于信仰这一现象并不太了解，不太清楚佛教信仰盛行的时代是怎样的，也不太了解佛教与我们的

生活到底有什么关系。但是，只要回到一千多年前的唐代，我们就会切身感受到那个普遍信仰佛教的时代气息，就会知道几乎所有的文化生活都可以在寺院里发生。佛教寺院是广大民众的一个文化空间，同时也是一个娱乐空间。

为什么说寺院是一个文化空间呢？

唐代没有我们现在所谓的公园，那么哪里是公园呢？到寺庙去，寺庙就成了公园。唐代笔记小说大多都描写有文人雅士在天气晴好的时候到寺院里去游赏的场景。《太平广记》收录的小说《霍小玉传》讲述的就是陇西书生李益去崇敬寺游览，遇长安名妓霍小玉，此后二人相爱又相别的爱情悲剧。

唐代的寺院里会栽种很多植物，有一些寺院还会因某种花卉而闻名，比如唐太宗为著名高僧玄奘翻译佛经而特别敕建的慈恩寺。唐代后期慈恩寺栽种有很多漂亮的牡丹，有白色的、紫色的等等，甚至一位老和尚培育了一种在当时非常新奇的红色牡丹，唐代人非常喜欢牡丹，所以慈恩寺在当时非常有名。到后来形成了一个习俗，那就是每年考中的进士都会到慈恩寺题名。著名诗人白居易就曾经在慈恩寺题名，他很自豪地说自己是当年考中进士的人中最年轻的。

从这些文人雅士与寺院的交集中，我们可以看到当时人们与佛教寺院的关系非常密切，有事没事就到寺院走一走，就像我们现在去公园游玩一样。因此，佛教寺院是唐人的一个文化空间。

寺院里面还有很多亭台楼阁，风景很美。为什么会这样呢？因为，唐代的一些贵族，包括公主、太子，他们会舍宅为寺，因信奉佛教而把自家房子捐献给寺庙。于是，宫殿就变成了寺院。中国的佛教寺院跟宫殿有很多相似之处，原因就是好多寺庙原本就是宫殿。这些宫殿本来是贵族生活的地方，成为寺院之后，普通百姓也可以去了。敦煌壁画里描绘的华丽的宫殿楼阁，可能就是当时的寺院。

在唐代,寺院都是开放的,是公共生活环境,谁都可以进去上个香,拜拜佛。现今,保存下来的唐代寺院建筑极少。敦煌壁画《五台山图》描绘了唐代到五代时期五台山的寺庙建筑和山中景色,其中有一座规模宏大的大佛光之寺。现在五台山的佛光寺唐代建筑只剩下一座,为中国现存最古老的唐代木结构建筑,但除大殿外的其他唐代建筑都没有保存下来。古老的唐代寺院建筑在西安、洛阳等地都看不到了。那怎么办?到敦煌来吧!唐代莫高窟就像现在的公园一样。建筑学家萧默曾经对莫高窟唐代的窟前建筑进行了复原,并绘制了复原图。根据复原图,我们可以看到莫高窟当年有花园,有楼阁,非常漂亮。

所以,在唐代,寺院和石窟既是一个拜佛的场所,也是一个公众都可以进去的类似园林的空间。

二、唐代寺院与石窟中的活动

(一)僧人讲经说法及日常礼拜活动

唐代,人们在寺院里做些什么呢?寺院的主要人群是僧人,僧人的主要活动是做礼拜。但是,佛教要扩大影响力,只有僧人做礼拜是没有用的,还要面向普通信众讲经说法。于是,寺院里除了日常礼拜活动、佛教法事外,还有讲经活动以及岁时节令活动,其中最有意思的就是岁时节令活动。逢年过节,寺院就会开展一些文化活动。

从敦煌壁画中我们可以看到,讲经说法时高僧坐在一个高台上,下面坐着听高僧讲法的人(图1)。现在大家可能对这些有点陌生。我有一位信仰佛教的日本朋友,他每个星期都要到寺院里面去拜佛。在那个寺院里,他有一位高僧老师,每次拜完佛之后他会向这位高僧请教一些问题,如他读佛经的时候有什么问题,在生活中有

图1
莫高窟第113窟北壁僧人讲经说法图 盛唐

什么烦恼，高僧会为他答疑解惑。在唐代，信众与寺院的关系非常密切。所以，我们在壁画上看到的这些讲经高僧，与普通民众的关系也是非常密切的。

如果普通老百姓听不懂这种专业性讲经，怎么办呢？寺院里还有一种专门针对普通信众和非专业人员开展的俗讲。俗讲会很有意思，有趣味。据说唐代有一位名为文溆的高僧，他讲俗讲时，听众非常多，人山人海，非常热闹。就像中央电视台的《百家讲坛》栏目，面向普通的、非专业的人员，要让听众听得有意思。如果讲得太专业，老百姓就会不爱听。俗讲的底本保留了很多，在敦煌藏经洞发现的文献中就有相当一部分是俗讲的底本。这些俗讲的底本叫作变文，就是用通俗的话语讲解佛经，讲解历史故事，还讲解一些类似于现实的故事，比如敦煌历史上张议潮、张淮深等人的故事。

我曾专门去法国国家图书馆调查了一个写卷（图2）。好多人没有看过这个写卷的原件，只看过照片。这个写卷很有意思，两面都有内容，但无法分辨哪面是正面，哪面是反面。写有文字的一面两边都留出了很大空白，每段文字之间也隔了很长的空白，不知道为什么要这样。一些研究文学的专家把这些文字抄写下来，发现是一篇变文。当我到了实物面前，把这个卷子拿起来看，才发现它原来是一面写文字、一面画图的长卷。为什么要这样做呢？高僧在进行俗讲时把其中一幅画向听众展开，后面正好看到一段文字，就可以照着文字给听众讲。这一段画面和文字讲完了，把一端卷起来，另一端拉出来，就又有一个画面出现了，其背后又是一段文字。听众看着画面，讲解者看着后面的文字做讲解，这就是一个俗讲的典型例子。这个写卷的变文为劳度叉斗圣变，讲的是外道劳度叉与佛弟子舍利弗斗法的情景，包括几个变幻场景，一段段地展开。讲俗讲的人就是展开一段，一边讲，一边让听众看着图，很有意思。由此可见，俗讲在唐代应该是非常受欢迎的。那时候没有电视，也没有电影，人们只能听听戏，听听俗讲，进行一些诸如此类的娱乐活动。那么，人们要到哪里去

图2
敦煌文献P.4524（法国国家图书馆藏）

参与这些娱乐活动呢？就是到寺院去。

当然，寺院还有一些常态化的礼拜活动，如拜塔、拜佛（图3、4）。我们从图
3中可以看到：拜塔的人群中有一个人在跳舞。为什么会这样呢？《法华经》里说，
对佛的礼拜方式有很多种，除了跪拜，还可以把值钱的衣物等放在寺院里作供养，
也可以用音乐和舞蹈作供养。所以，在佛像前唱歌、跳舞是对佛的一种供养。当时
的人用唱歌、跳舞的形式拜佛和拜塔，实际上既是一种宗教活动，也是一种艺术
活动。拜佛时，可以唱歌，可以跳舞，还可以燃灯。燃灯的时候，旁边也会有跳舞
的人。

（二）岁时节令活动

现在我们逢年过节举行的一些庆典活动，其实都跟佛教有关，比如上元节，也
就是正月十五元宵节。当然，叫元宵节是后来的事情。早期，受佛教影响，上元节时
要燃灯拜佛。到了唐代，因为皇帝信仰佛教，所以燃灯的仪式很隆重，要建一个很
高的灯楼，并在灯楼的每一层都点燃油灯。燃灯时，现场会有人跳舞助兴。莫高窟第

图3
莫高窟第103窟南壁拜塔图 盛唐

图4 莫高窟第23窟北壁西侧法华经变中的供养方式 盛唐

220窟北壁中就有表现燃灯场面的壁画。我们可以看到图中的灯架像一棵树，一个个"树枝"从中间的"树干"伸出来，上面可以放小油灯。灯树旁边有两个人，一个人在下面点燃油灯，一个人将点燃的油灯放到灯树上（图5）。从一些出土文物中，我们可以找到与这幅壁画中灯树相似的青铜灯树，可见这个画面非常真实。根据文献记载，唐睿宗时举办了一次豪华的灯会，建造了一个高二十丈的灯楼，衣以锦衣，饰以金玉，燃五万盏灯，简直是灯火辉煌！此外，还令舞女"踏歌三日夜"，即唱歌跳舞三天三夜。当时唐朝财力雄厚，既是因为过节，又因为佛教盛行，所以将灯会办得如此奢华。有了这些仪式，老百姓在过节时也有了丰富多彩的娱乐活动，所以中国人逢年过节喜欢热闹，也是有历史渊源的。时至今日，我们依然可以看到逢年过节的时候会有一些佛教活动。每年农历四月初八，敦煌人都会到莫高窟去拜佛。拜了佛，还会搭个戏台唱唱戏。拜佛时是可以唱歌跳舞的，所以，在壁画中表现佛国世界，也会表现出音乐和舞蹈。

（三）唐代寺院（包括石窟寺）是普通民众艺术欣赏与交流的空间

在唐代，人们到寺院和石窟去唱歌、跳舞，或者听戏，这是老百姓常见的娱乐活动。因此，寺院与石窟也就成了普通民众艺术欣赏与交流的空间。

1. 经变画里的乐舞场面

敦煌石窟壁画中的经变画下部往往描绘的是音乐和舞蹈的场景。很多专家认为，这些音乐、舞蹈是宫廷乐舞。这种说法有没有道理呢？经查阅文献资料，这种说法的确是有道理的：据记载，因为皇帝信奉佛教，所以给佛教寺院赐了宫廷乐。这样一来，老百姓也有机会欣赏到之前只在宫廷中演奏给皇帝的宫廷舞乐了，于是都跑到寺院去。我们在壁画中也可以看到这样的乐舞场景，如莫高窟第220窟南壁壁画中的乐舞图（图6）。图中左右两部分是乐队，规模很大，有各种乐器，如琵琶、箜篌、

图5
莫高窟第220窟北壁药师经变中燃灯的场景 初唐

图6 莫高窟第220窟南壁西方净土变中的乐舞 初唐

拍板等, 这些乐器如何配置也是有规矩的。莫高窟第220窟中有唐贞观十六年(642年)的题记。将壁画中出现的乐器与唐代文献记载中的西凉乐进行比较, 可以说几乎是一样的。这就说明, 壁画中描绘的乐舞形象是有依据的, 可以把它作为当时的宫廷乐舞来看待。

还有很多专家认为, 从敦煌石窟壁画中可以发现, 唐代的音乐和舞蹈既有中国传统文化的成分, 也有受到外来文化影响的成分, 最有名的就是壁画中出现的反弹

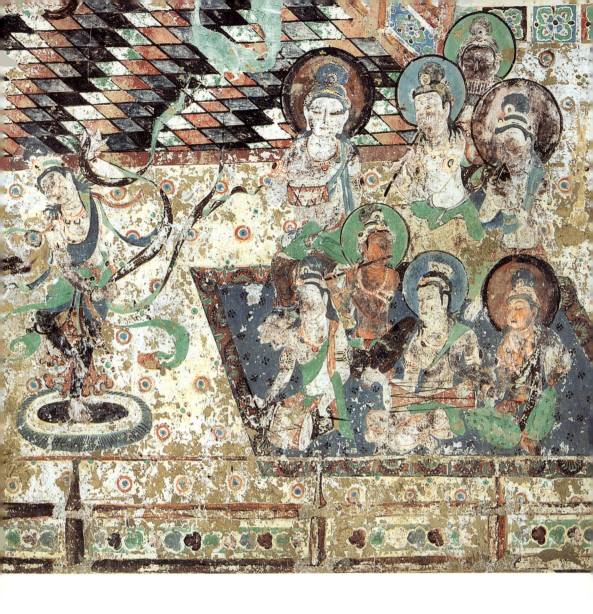

琵琶。唐朝的音乐形式多种多样，有胡旋舞、胡腾舞，有坐部伎、立部伎等，这些也都能在敦煌石窟壁画中看到。莫高窟第156窟的《宋国夫人出行图》中还描绘有一个杂技场面，图中一个人顶着一根很高的杆子，杆子上面还有四个小孩正在做一些惊险动作（图7）。

2. 雕塑艺术

在唐代，人们到哪里去欣赏绘画、雕塑、建筑呢？到寺院去。今天，我们仍可以

图7 莫高窟第156窟《宋国夫人出行图》中的顶杆杂技 晚唐

在寺院和石窟看到当时遗留的雕塑和绘画。

现存一些佛教石窟中的雕塑,可以说代表了当时雕刻的最高水平。武则天时期在龙门石窟开凿了一个洞窟,叫作奉先寺,供奉着有名的卢舍那佛。因为这是皇家石窟,所以肯定要请当时最好的雕塑家进行雕刻。莫高窟最有名的雕塑在第45窟内,一个佛龛里面有七尊塑像,以佛为中心,两边是弟子、菩萨、天王(图8)。雕塑家通过眼神和身体形态,将佛弟子中年纪最大的迦叶塑造成一个有智慧的、看透一切的高僧形象,人们一看到这尊塑像就能感受到,他经历了很多痛苦,阅历丰富。菩萨在佛教中是得大自在的,莫高窟第45窟雕像中的菩萨像让我们可以感受到菩萨无拘无束、毫无造作,又充满慈悲、智慧的形象。

在佛教塑像中,佛像当然是中心,所以佛像集中体现了中国雕塑的特色,尤其是大佛。一尊宏大的佛像,要表现出亲切、慈悲的特点是很不容易的。莫高窟第130窟

图8 莫高窟第45窟西壁龛内塑像 盛唐

图9　莫高窟第158窟涅槃像　中唐

和第96窟的大佛是国内大像的典型代表。还有莫高窟第158窟的涅槃像（图9）。涅
槃并不是像普通人所说的死亡，涅槃意味着佛的精神升华，肉体消灭。在印度，人们
认为佛不会死亡，所以他们不造涅槃像。但是，从中亚犍陀罗地区到中国都有涅槃
佛像，并且中国人对涅槃佛像有自己的理解。唐代时会把涅槃佛像塑造得像一个活
人，好像只是躺着休息一下，他的精神仍然是存在的，这种塑造是非常不容易的。莫
高窟第158窟的这尊涅槃像可以说是唐代雕塑的一个杰作，我们感受到躺着的佛像
是活着的，仿佛在睡觉。佛像的身体轮廓是很柔软的曲线，一道一道的曲线形成一
段韵律。在一个庞大的体积上体现出一种柔和慈祥的精神状态，这就是中国审美精
神的体现。

　　莫高窟第328窟中有一身供养菩萨，跪在佛坛上，比其他站着的菩萨像稍低一
点（图10）。这尊供养菩萨原本在莫高窟第328窟西壁龛南侧，但是1924年被美国

人华尔纳盗走，现藏于美国哈佛大学博物馆。这是初唐时期表现菩萨的一种形态，是比较有精神、比较小的供养菩萨形象。在唐代的雕塑中，佛国的天王都充满了世俗气味，让人感到亲切，很有个性。雕塑家就要把普通人熟悉的形象塑造出来，让老百姓感到亲切、真实。

3. 壁画艺术

唐代人如果想了解有名的画家，如吴道子，到哪里去看他的画呢？很简单，到寺院就可以了。吴道子的作品都在寺院里，上

图10　莫高窟第328窟供养菩萨彩塑　初唐（哈佛大学博物馆藏）

至达官贵人，下至普通百姓，都可以看到。除了吴道子，还有很多名画家的作品也都在寺庙里。所以说，唐代的文化艺术环境是非常公开化的。有人甚至提出唐代就是中国的文艺复兴时期。在西方文艺复兴时期，达·芬奇、拉斐尔、米开朗琪罗这些艺术巨匠的作品是在教堂里的。教堂也是公开的，所有的人都可以进去看，也不收门票。只可惜西安、洛阳都没有唐代寺院保留下来。到敦煌来看吧！敦煌的唐代壁画集中体现了唐代较高水平的绘画艺术。

阎立本是初唐时最有名的画家，他的父亲阎毗和哥哥阎立德也是艺术家。《历代帝王图》是我们现在能看到的阎立本最有名的作品，现藏于美国波士顿美术馆。这幅画是一个长卷，其中描绘的13位帝王实际上是两部分，一半可能是真迹，另一半则是后来接上去的，时代可能晚一点。因为图中总共有13位帝王，所以也有人把它称为《十三帝王图》。《历代帝王图》画得非常精致，当然，现在学术界普遍认为这是后人临摹的，但是这个临摹者比较真实地把阎立本作品的特点反映出来了。将其与敦煌壁画相比较，就可以看出这幅画确是初唐时的绘画风格。也许此画是后人临摹的，但是绘画风格是初唐时期的没有错，因为它与敦煌壁画中的帝王图太接近了（图11、12）。绘画中的帝王也有坐着的，如故宫博物院藏《步辇图》，皇帝是坐在步辇上的（图13）。这幅画其实也不是阎立本的原作，是后人的摹本，但是也基本上反映了当时的一些真实情况。阎立本很了不起，能画出帝王图，因为其他的画家见不到皇帝，所以无法画出帝王图。唐太宗非常喜欢阎立本，高兴了就会叫他来画幅画。当时，皇帝接见外宾要留个纪念，但又没有摄影师，怎么办呢？便召画师阎立本。阎立本很了不起，能够当场写生。能写生也是唐代初期对画家的一个要求，画家一定要画得像。但是到后来，尤其是到了明清时期，很多画家不擅长画人像，不能画写生，只能画山水花鸟。

图11
莫高窟第220窟东壁门北侧维摩诘经变中的
帝王图 初唐

图12
《历代帝王图》中的晋武帝司马炎

图13 《步辇图》(故宫博物院藏)

据说阎立本官至宰相后,唐太宗还是喜欢叫他来画画。春暖花开的一天,唐太宗看到皇宫后院花开得好,于是诗兴大发,叫来几个大臣一起赏花、作诗、喝茶。随后,唐太宗又召来阎立本,让他画一幅画。阎立本急急忙忙带着画架子赶到,当场作画。唐太宗悠闲自得地与大臣们一起吟诗作赋,而宰相却在下面画画。画到最后,阎立本觉得窝囊,回到家里就教训他儿子:"你千万不要学画了!我能成为宰相,是因为我有治国之才,但皇帝只知道让我画画。"当然,这只是历史传说,真实性无从考证。不过,阎立本任宰相多年,人们却不记得他的政绩,只记得他是一个画家。

阎立本作品的特点是写实性较强,比较精致。莫高窟第220窟中有唐贞观十六年(642年)的题记。这一年,阎立本在朝廷做官,但还没有担任宰相,有比较充足的时间画画,所以他的画作就流传到了敦煌。莫高窟第220窟的壁画体现出一种新的绘画风格,出现了很多新内容,如帝王图、外国人物图,这应该是从中原传来的新风格,是受到了阎立本画派的影响。将壁画中的帝王图和阎立本的《历代帝王图》进行比较,我们可以发现很多相似的地方,如冕服。壁画中帝王服装上的"十二章"(即十二种纹样,其中帝王服装肩部左右对称的位置有两个圆圈,表示日月)和龙的图案都与典章制度中的记载是一致的。所以说,敦煌与中原的关系非常密切。另外,敦煌壁画中还有很多时代稍晚的帝王图,形式基本上都是一样的。

阎立本的另一幅名作是《职贡图》,画的是外国人物(图14)。为什么叫《职贡图》呢?当时的唐朝很强盛,周边的小国会派遣使节来"上贡"。其实,外国使节来访问的时候带来一些土特产和礼品,是人之常情。但唐朝认为他们是来上贡的,所以叫《职贡图》。此图据说是阎立本画的,但实际上,这幅画从风格上来讲应该是宋代的。不过,阎立本确实画过《职贡图》,这在史书上有记载。在敦煌,第一次出现帝王图的莫高窟第220窟,同时出现了外国人物图(图15)。这不是偶然的。外国人物图跟帝王图同时出现,是因为阎立本画的《历代帝王图》《职贡图》非常有名,且粉本在民间流传,好多人争相模仿,后来模仿的本子传到了敦煌。同时,因为阎立本和阎立德在朝廷做官,才有机会见到外国使节,所以才能把人物画得这么真实。后来这

图14
《职贡图》局部
(台北故宫博物院藏)

就形成了一个惯式，凡是有帝王图的地方，就会有外国人物图。除了外国使节，佛弟子一般也会被画成外国人的形象，尤其是画成印度人的形象，因为佛的弟子当然是印度人。

敦煌莫高窟的壁画让我们看到非常写实、生动的人物形象，这就是阎立本绘画的特点。

现在，艺术品拍卖市场很混乱，有很多号称是唐代的画，但那个人物画得一点也不像，歪歪扭扭的。大家要知道，如果一个画家连人物像都画不好的话，在唐朝是没法混了。唐代的画是很写实的，画人物肯定要合乎比例，所以那种画得不怎么像样的画，肯定不是唐代的。

下面，我们再讲一讲盛唐名家吴道子。据说，吴道子在寺院里画画时，成千上万的人都会跑去观看。因为，他画得很精彩。精彩在哪里呢？吴道子是很善于作秀的，观众越多，他画画时的表演性就越强。据说吴道子画圆不用圆规，可以在墙上一笔画圆，这个功夫是相当深的。学画的人都知道，画线描不容易，尤其是在墙壁上。唐代画家的竞争很激烈，画得好寺院才会出钱请你去画壁画。如果画得不好，没人请你，就只能改行了。有很多寺院画壁画时会请来两个画家，作画时在中间挂一个幕布将他们隔开，两个画家相互看不到对方画的是什么，画完之后再将幕布揭开，水平高下一目了然。这也是一种竞争。

莫高窟第103窟东壁的两幅画为什么会使我们想到吴道子呢？吴道子绘画作品的特点是"吴带当风"，用的颜色很少，完全用线描造型，用线条构成一种韵律。比如吴道子画衣服会有像风吹一样的动感，他就是用这种强有力的线条来表现人物形象的。因为他的线描水平很高，所以被称为"画圣"。莫高窟第103窟东壁门南侧维摩诘经变中的维摩诘被描绘得非常逼真，胡须一根根画得非常细腻。画中的维摩诘正

图15 莫高窟第220窟东壁门南侧维摩诘经变中的外国人物图 初唐

在与文殊菩萨辩论，他的眼睛非常有神，身体微微前倾，好像在使着一股劲。东壁门北侧的文殊菩萨就不一样了，显得很轻松，因为菩萨本来就是得大自在的。文殊菩萨并没有跟维摩诘辩论，只是伸出两根手指表示不二法门，形象是很松弛的，也表现出了文殊菩萨的智慧（图16）。画家用线描表现出这两个人物不同的精神状态，一个紧张、紧绷，一个松弛、轻松，这就是艺术家的高超之处。

唐代绘画中，菩萨身上都绘有比较长的飘带，很流畅。敦煌壁画的画面都很大，尤其一些菩萨的高度超过了2米，所以画家要一笔画下超过1米的线条，这是很需要功夫的（图17）。现在画国画的画家们能够把线条画得这么流畅的也并不多。敦煌研究院前院长段文杰画了一辈子的敦煌壁画，总结出很多画线描的方法，但有些长线条是一次画不完的，要接起来画，叫"接力线"。一笔下去，线条能接起来，让人看不出痕迹，这就是功夫。还有一种画法是从两头画到中间接起来，叫"合拢线"，这也是很不容易的。从这些壁画的画面中，我们能感受到唐代画家在线描和人物造型上的功夫。

我们也可以从画面体会"吴带当风"的绘画风格。唐代画家通过一根一根的线条来表现人物的精神状态，画中人物的身体不是僵硬的，好像在缓缓向前移动。壁画中的菩萨看起来是在缓慢行进，显得非常雍容华贵。当然，我们很难确定这个壁画就是吴道子本人画的，只能说这是吴道子画派的风格。吴道子在唐代的影响很大，他没有来过敦煌，但是他的弟子或者去长安学习的敦煌画家从他的流派里学到一些东西，当他们到敦煌来画壁画时就体现出了吴派的风格。

唐朝还有一个画家叫周昉，创造了"周家样"画派。"周家样"画派是什么样呢？就是我们现在看到的一些唐代美人画像。周昉画美女很有名。唐代美女有什么特点呢？就是胖胖的，胖美人，跟现在的审美不一样。而且，在画面中要体现出一个人的

图16　莫高窟第103窟东壁南、北两侧维摩诘经变中的维摩诘居士和文殊菩萨　盛唐

图17
莫高窟第199窟西壁佛龛外北侧菩萨
中唐

富贵，不能太瘦，还要穿很华丽的衣服。我们现在看到的张萱、周昉的作品，其实都是后人临摹的。比如张萱的《捣练图》，实际上是宋徽宗临摹的，带有宋代的一些特点，但唐代的基本风格还在。新疆出土的绢画《弈棋仕女图》是唐代真迹，描绘的是一个淑女在下棋。在唐代，下棋是当时的一种文化风尚。从这种画中我们也可以看出，唐代人在化妆方面也很讲究，脸上涂着胭脂，额头上画着花。

在敦煌壁画中，胖美人很多，比如莫高窟第130窟甬道壁上《都督夫人礼佛图》中的都督夫人（图18）。因为都督夫人是贵族妇女，所以她的服装很华丽、很漂亮，层次很丰富，能看到好几层透明的纱。她的头发上饰有花和一些饰品。都督夫人的女儿十一娘的脸上也画着花。唐朝女孩会在脸上贴一朵花，叫作花钿。还有一种是直接画在脸上，称作花子。除了画花，有时还会画一些其他的东西，比如小鸟。这种妆容，我们在敦煌壁画中可以看到很多。莫高窟第17窟（即藏经洞）北壁有一侍女，她的衣着发饰及圆润的身形皆体现出唐人的审美（图19）。

现藏于大英博物馆的唐代绢画《引路菩萨》，画的是引路菩萨和供养人，表现的是人死后跟随菩萨去往天国的场景。画面中，菩萨拿着一个幡，一位女性死者的灵魂跟随着菩萨（图20）。画中的人物描绘得很真实，女性死者的衣服、妆容、发饰都是当时的样子。曾经有观众问："这个人怎么像日本人？"其实日本的和服就是借鉴了唐代服装的样式，既有吸收，又有改造。唐代，日本经常派遣唐使到中国来学习，唐代的服装、书籍等也随之被带到了日本，并被保留了下来。中国因为朝代更替，各代都有很多变化，有好多唐代的东西都没有保存下来。

周昉创造了水月观音的画法。水月观音是中国人创造的，因为中国人喜欢山水画、喜欢大自然，就把最喜欢的菩萨形象放到大自然中。自周昉首创之后，水月观音在中国就非常流行，我们可以看到很多的这种画（图21）。

图18 莫高窟第130窟甬道壁《都督夫人礼佛图》 盛唐（段文杰复原）

图19 莫高窟第17窟北壁侍女 晚唐

图20 绢画《引路菩萨》局部 唐代（大英博物馆藏）

在敦煌石窟壁画中，我们还可以看到青绿山水（图22）。隋唐时期的山水画基本上是青绿山水，宋元以后就逐渐失传了。元明时期，也有一些人画青绿山水，但已经不是唐代的青绿山水了，两相比较就可以知道。台北故宫博物院收藏有一件传闻是李思训的画作，其实那不是唐代的作品，画法应该是宋代的。在敦煌壁画中我们可以看到，唐代青绿山水的一个特点是画面是铺满的，没有空隙，并且天空是有颜色的，有五彩云。而后期的山水画讲究留白，山和水的上面要留空隙，不能画满。还有一点，我们从莫高窟第172窟的文殊变中可以看到，画面中的波纹有光影效果（图23）。

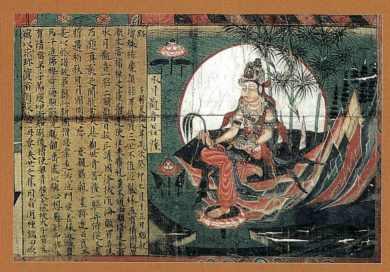

图21　MG.17775绢画《水月观音》（法国吉美亚洲艺术博物馆藏）

图22　莫高窟第217窟南壁山水画　盛唐

唐代的画家很了不起，已经能够表现出光影效果了，只可惜这一技法后来也失传了，我们在后来的山水画中已经看不到光影效果。在欧洲，最早开始追求光影效果的是印象派，那已经是近代的事了。在中国，一千多年以前的画家们就已经会表现光影了，所以青绿山水对中国山水画的发展具有非常重要的作用。到了中唐、晚唐以后，出现了水墨山水画。水墨山水画产生之后，改变了青绿山水的格局。到五代、北宋以后，中国山水画基本上采用了水墨的画法，青绿山水就逐渐失传了。所幸，我们从敦煌壁画中还可以找到青绿山水。

4. 书法艺术

基本上，我们能在寺院内看到中国的各种古老文化艺术，可以欣赏到雕塑、绘画，也可以欣赏到书法。唐代或者更早的时候，有名的碑帖相当大一部分是为寺院而作的。比如褚遂良的《大唐三藏圣教序》是放在慈恩寺的，颜真卿的代表作《多宝塔碑》、柳公权的《玄秘塔碑》也是为寺院而写的。我们在敦煌发现了几件传世碑帖，

图23
莫高窟第172窟文殊变
中的山水 盛唐

是唐代书法作品，如欧阳询的《化度寺塔铭》虽然只有十几页，但是非常珍贵，现在流散在英国、法国。还有柳公权书《金刚经》拓本也非常珍贵，它在唐朝就已经被做成了拓片，所以现在很残破（图24）。

敦煌莫高窟藏经洞出土了大量写经，都是我国书法史上珍贵的作品（图25）。很多写经的题记很长，记录了很多内容，包括写经生是谁、用了多少纸、装潢手是谁等等。什么是装潢手？写经写完之后要装裱，两头需要加轴，这就是装潢手要做的事。写经需要校对，有初校、再校、三校，是很正规的。然后还需要详阅，由寺庙里的高僧大德检查写经有没有错误。题记的最后还有一个人物，那就是工部侍郎。工部侍郎是朝廷官员。唐代，由朝廷设立机构并组织人来抄写佛经。抄写的佛经之后会流传到全国各地。因为都是用手抄的，有的人不认真就可能抄错了，所以为杜绝此类错误，朝廷还会专门派一些人来把关，并请一些高僧来校对、检查，经过检验、审阅的写经才可以流传到各地。朝廷的写经，称作宫廷写经，是最标准的，然后颁布到全国

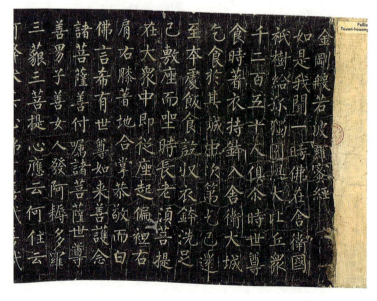

图24
藏经洞出土文献P.4503
柳公权书《金刚经》拓本
（法国国家图书馆藏）

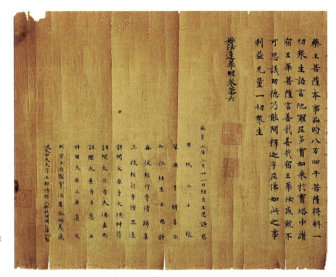

图25
敦煌写经《妙法莲华经》 唐咸亨三年
（672年）（甘肃省博物馆藏）

各大州，故敦煌也有宫廷写经。这些宫廷写经原来保存在藏经洞，被发现之后，很多就流散到国外了，国内只保存下来几件，是我们了解唐代书法的珍贵资料。在唐代，寺院也有自己的写经组织，是在高僧指导下的僧人或信众写经，写了之后就作为自己或亲人的功德。敦煌研究院也存有一些信众写经，可以帮助我们了解唐代书法的各个方面。

从佛教寺院里可以了解唐代文化的各个方面，所以我们要了解唐代文化，就应该了解唐代的佛教艺术，了解佛教文化。这样，我们就可以更加深刻地理解敦煌的意义和价值。

【互动环节】

提问1: 根据您的介绍，我联想到了石窟壁画的作用。是不是可以这样讲，这些石窟本身也是一种供养，同时可以指导、帮助人们去理解佛经呢?

回答: 是这样的。石窟壁画的作用有几个方面，其中一个就是为普通观众讲解佛经。比如莫高窟第257窟中所绘的九色鹿的故事，通过这样的故事画，让普通观众进到洞窟里来了解佛教的一些思想。当时应该会有一些高僧在洞窟里向人们讲解这些内容。石窟里还有或画或塑的佛像让大家来拜，实际上是各个方面的功能都有。普及佛教知识，这是一个重要方面。

提问2: 我想问一下，您刚才展示的那些照片中有些是表现燃灯供养的，那么以前老百姓可以在洞窟里进行祭祀、燃灯的活动吗?

回答: 在寺院里是可以燃灯的，但当然是在指定的场所。在佛教盛行的那个时代，燃灯是一种经常性的拜佛活动。不过，我认为即使在唐代，燃灯估计也不会放在洞窟里面，应该在外面。因为，洞窟里面空间比较小，而且空气不流通，所以外面比较合适。在唐代，莫高窟的洞窟外面是有窟檐的，还有一些寺院建筑，可以在外面做一些佛事活动，所以我认为燃灯不会在洞窟里面。当然，燃灯这种活动肯定是有的，这一点没有问题。

提问3: 我想问一下莫高窟唐代壁画的艺术水平能够跟当时以吴道

子为代表的最高绘画艺术水平相提并论吗? 它们的差距有多少?

回答: 这个可能是很多搞艺术的人比较关心的问题。就目前的研究来看, 敦煌唐代石窟的壁画水平是参差不齐的。敦煌共有200多个唐代洞窟, 其中有一部分壁画艺术水平较高, 如莫高窟第220窟, 但占的比重也不算太大。也有相当一部分洞窟壁画的水平很一般, 甚至还有水平很差的。敦煌最高水平的唐代壁画, 是可以跟那些名画家的画作相媲美的, 因为有人推测这批壁画就是一些高手从长安(今西安)来到敦煌创作的, 也有可能是敦煌一些高水平的画家到长安去学习过。因为这样的画并不是很多, 所以可能存在这两种情况。

提问4: 我想问一下, 莫高窟好多塑像在清代被修复过, 好像是用红色的东西染过一次, 这样修复对塑像是起到保护作用还是对艺术的一种摧残?

回答: 莫高窟的彩塑被修复过不止一次, 而且不仅仅是在清代。因为这是一个佛教礼拜场所, 如果唐代的塑像出现了损坏, 那么宋代的人看见了, 也会对它们进行修复。到了元代, 信众觉得佛像出现了损坏, 也会对它们进行修复。这种修复是每个朝代都存在的, 但是大规模进行修复, 可能在清代的一段时间做得比较多, 尤其是王道士时期做得多一点。我们可以明显看到不同朝代的差别, 清代的工艺和风格与唐宋时期差别很大, 一眼就可以看出来。但唐代的塑像, 五代时进行了修复, 我们不一定能看得出来, 因为这两个朝代隔的时间不久, 五代人能够理解唐代原作的精神, 按原作进行了修复。一般而言, 时代相隔太远, 所做的修复我们能看出来不同之处。所以, 我们能够确认的是, 清代是进行塑像修复比较多的一个朝代。

有些彩塑的确需要修复，如塑像的腿没有了，需要把它支撑住，不要让它倒下来。于是，就进行了修复。修复它，把它保护好，这是进行修复的目的。但在修复的同时，因为清代做的这些颜色与唐宋时期甚至更早的北魏时期相比，差距太大，我们现在看起来觉得不协调、不美观，这种情况还是比较多的。从历史的角度来看，我觉得是可以理解的，因为其出发点是为了修复，在某种程度上起到了保护作用，但有不好看、不美观的缺点。还有一些修复，我们觉得是带有破坏性的，原作很漂亮，但修复的人觉得可以重新做一个或者重新改一下，于是就改了，但改得一点都不美观，这种情况也是存在的，从某种意义上来说就是破坏。但是，破坏是我们现在的观点，我们认为清代修复的东西不太成功，但清代没有文物保护法，所以出现了这样的情况。所以，我们一方面要本着历史的态度客观地看待修复，其出发点是为了保护，为了修好；另一方面也要看到这些修复确实做得不好。我们也不能苛求古人，所以存而不论。历史上存在这样的事情，我们当然可以说他不好，但是已经过去了，也没有办法改变。

提问5：刚刚看到莫高窟第220窟的经变画中有很多精美的乐器，我想请问一下，这些乐器我们现在还能见到吗？我们现在还能听到这些音乐吗？

回答：现在，如琵琶、阮咸、横笛、竖笛（比较长的箫）等乐器都还在被使用。但有一些乐器现在不用了，如箜篌。不过，因为我们目前文物工作做得比较多了，有些乐队好像又开始使用这些乐器了。1992年，敦

煌研究院曾经把壁画当中的一些乐器复制了出来，共50多件，对音乐界的影响很大。现在又有一些乐队根据敦煌壁画仿制了一批乐器，而且已经在使用了。一些乐器失传了，但在敦煌壁画中是可以看到的。其实大部分乐器，比如胡琴，在敦煌壁画中能看到，现在依然在使用，这种情况也比较多。

提问6: 您作为专家学者，在美国哈佛大学博物馆和其他国家的博物馆看到被盗走的敦煌莫高窟文物，外国人是怎样保护它们的? 我们国内的专家学者看到这些东西时，他们的心态是怎样的?

回答: 我到过英国、法国、俄国，凡是我到过的地方，敦煌的文物大概是我最想看的了。我作为敦煌研究院的工作人员，当然希望把全世界有敦煌艺术的地方都去看一看。

当然，当我们第一次看到流落出去的敦煌的东西时，心情是很复杂的! 但我的第一次不是在英国，而是在日本东京。1996年，日本东京都美术馆举办了一次展览，叫作"丝绸之路大美术展"，集中展示了英国、法国、俄国、美国等国家收藏的有关丝绸之路的文物，规模很大。那个展览，我去了好几次，其中就有敦煌的文物，有英国人拿走的，法国人拿走的，俄国人拿走的，我都看到了。我第一次看到时，眼泪就流出来了，那么精美的敦煌文物，非常漂亮，比如唐朝的绢画，可是我们中国没有了，被外国人拿走了，所以心情是很复杂的。当时我还写了一篇文章介绍这个展览的情况。再后来，有了很多机会去其他国家考察，我最关心的就是收藏在那里的敦煌文物。我会想办法调查、了解，然后争取看到。现在的情况好一点，中国学者尤其是敦煌研究院的人要是到国外去，是可以到收藏机构的库房去看的，对方还是比较支持的。我第一次去法国巴黎的时候，是以个人身份去的，还不是代表敦煌研究院去的。我找到了吉美亚洲艺术博物馆负责中国文物的吉埃斯先生，他也是一位学者。我告诉吉埃斯先生我想看敦煌的绢画，他说我们展厅里有啊。我说展厅里就那么两三幅，太少了，我想看看你们库房里的收藏。他问我要看哪一幅。他本想考我，但我马上列出来十几幅，包括它们的编号。他一看，知道我是研究这个的，就叫助手把我领到库房里去。库房很大，可以把绢画撑起来，像屏风一样展开来，屏风下面都是有轮子的，可以放进去拉出来，像书架上的书一样可以一本一本抽出来，我就在那里看了一整天。吉埃斯先生作为一个学者，尽管我们从来没有打过交道，但还是让我看了。这之后，我就知道了，可以到博物馆去申请，也可以想办法找。去英国的时候，我到大英博物馆直接找到负责中国文物的主任司美茵，告诉她我想到库房看看敦煌的文物。她了解到我是做敦煌文物研究的，于是专门安排了时间，让我去看了两天，而且可以照相。现在这一辈的学者还是比较开放的，而且随着中国在世界上地位的提高，他们对中国学者也比较尊敬。我去俄罗斯艾尔米塔什博物馆，也是到了库房，看到了敦煌的壁画和绢画。我到美国波士顿美术馆去看《历代帝王图》，负责中国部的主任盛昊先生，他非常欢迎，说你要看什么就列出来，不要客气。本来我只想看《历代帝王图》，因为我当时正在研究中国的帝王图。后来，我才知道他为什么态度那么好。等我看完之后，他说还有一些东西请你帮我们看一看。原来，他们收藏了一些所谓的敦煌绢画，让我鉴定一下真假，于是就一幅一幅拿出来让我看，专门派了两个人做笔记。我告诉他，其中有一些是有问题的。我到美国哈佛大学博物馆时，馆长也非常客气，让我看了所有被华尔纳盗走的壁画、塑像，而且拍了照片。现在的国际交流跟过去不一样了，中外学者是可以平等交流的，正如季羡林先生所说的"敦煌在中国，敦煌学在世界"。我们也要用一种开放的胸怀来看。有更多的外国学者在研究敦煌的东西，这难道不是值得骄傲的事情吗！在全世界，我们无论走到哪里，一说自己是研究敦煌的，人家就会说："啊！敦煌的，很了不起，我们这里也有研究敦煌的，可以交流一下！"这多好啊！敦煌学是一门世界性学科，我们与全世界大概20多个国家的人在不断地交流，我们的专家可以去国外访问，敦煌研究院也会请外国的专家来做研究。国际交流越来越多，对我们来说也是一种提升。对于中国传统文化来说，我们把中国的文化传播到世界各地，普及到全世界，也是一个好事，这是我的想法。

提问7：现如今，年轻人可能对敦煌学、敦煌文化了解甚少，敦煌艺术、敦煌文化博大精深，您能给我们阐述一下它的源泉和艺术特征吗？另外一个问题就是，普通民众怎么能更好地走近敦煌艺术文化？

回答：这个问题很宽泛，比较难回答。敦煌艺术的源泉很复杂，不好说。现在，敦煌给我们的感受是伟大、丰富。它有一个基本点，那就是敦煌处在丝绸之路上。它处在一个重要的地位，有一个开放的胸襟，是在中华民族的基础上发展起来的。在汉唐时期，一个很大的特征就是以开放的胸襟欢迎世界各地的人到中国来，而不是闭门造车。我们的文化，如音乐、艺术、美术、服装、生活等，都吸收了外来文化，这些外来文化是沿着丝绸之路过来的。比如音乐中有好多其实是胡乐，最早都是外国的，我国人民把它学过来，成为中国民乐的重要部分。中国的服装在孔子时代是很复杂的，后来我们学习胡服，到唐代时形成了中国的服装。佛教本来就是外来的，从印度传来的。佛教到了中国，给中国的传统艺术带来很大影响，中国的文化变得更加丰富了。汉代以前的绘画与佛教传入之后的绘画相比，有一个巨大的变化，因为中国吸收了从印度和中亚一些国家传过来的一些绘画技法、特征，因此我国的绘画就变得更丰富了。中国学习外来文化有一个特点，那就是会改造外来的东西，使其适应中华民族的审美需求。刚才我讲了很多唐代的经变画，这些经变画在印度是看不到的，是中国人创造的。中国在吸收了外来的佛教艺术之后，创造了一个新的中国式的佛教艺术，这是很了不起的。所以，我们不能只是模仿。虽然模仿是必不可少的一个学习过程，但是我们学了之后，应该创造具有自己民族特色、中国式的东西，这是必然的走向。通过研究敦煌文化，我们需要学习这种精神。从敦煌这种强大的文化底蕴中，我们感受到我们的祖先在很多年以前是怎样吸收外来文化而形成自己风格的。现在，我们处在一个非常开放的政策环境中，可以大量吸收外来的东西，同时不要忘了创造有自己特色的东西，这是非常重要的。

提问8：我想问您，敦煌文化和当时或当下的敦煌乃至整个甘肃省，有一个怎样的文化互动交流？在敦煌这个城市里，或者在来敦煌的这一路上，我们都感觉不到敦煌文化的存在。就像您曾经说的，时至今日国外的教堂与人们仍是天天在互动，是一直存在的。我想可能在盛唐时期，敦煌附近的人跟莫高窟也是这样一种关系，但我们现在完全把它作为一个崇拜对象或瞻仰对象来看的，与当地的文化没有交流。未来，我们是否有可能建立一种敦煌文化与当地文化的交流，慢慢让它走入大众的生活。

回答：你说得很好，这也是我们当前努力做的一些工作。这些年以来，我们的地方政府也做了很多工作，从敦煌传统艺术中吸取一些文化的、艺术的元素，为我们当下的生活和环境做出一些贡献。现在，大家行走在敦煌市就可以看到这些文化元素，甚至地面上的砖都会有一些文化元素。这些工作可能需要一些时间来做，包括敦煌研究院、敦煌市政府以及甘肃省政府都已经非常关注这个问题了。我们需要从传统文化中学习、吸收这些营养成分，然后为我们现在的生活服务。这包括很多方面，而且文化建设不是一两天就能做成的事情，不是修建一座房子，一下子就建成了，而是要深入人心。一方面，专家学者应该把敦煌的文化元素解读出来，然后传播给大众，让更多的人了解敦煌文化，理解敦煌文化，同时感受到敦煌文化带来的文化提升空间；另一个方面，政府的相关机构也要做好普及工作，要把敦煌文化转化成我们生活中必不可少的一些东西，这个转化工作不是那么容易的，可能需要一个过程。我想，已经有很多人意识到这一点，大家一起努力，我也要努力做这个工作。

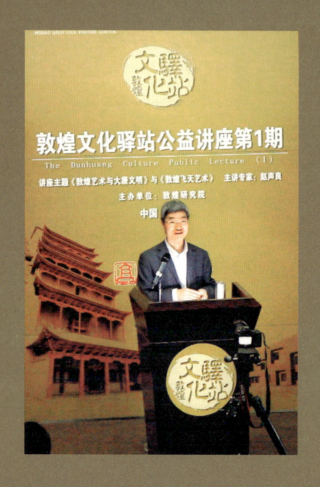

赵声良，云南昭通人，敦煌研究院编辑部主任、研究馆员、博士生导师。
1984年毕业于北京师范大学，同年到敦煌研究院工作。2003年获日本
成城大学文学博士学位（美术史专业）。曾先后受聘为东京艺术大学客
座研究员、台南艺术大学客座教授、普林斯顿大学研究员。主要从事敦
煌艺术和中国美术史研究，发表论文60余篇，出版著作10余部。

2015年4月20日

敦煌飞天艺术

  敦煌飞天，是敦煌艺术文化中最响亮的一个名词。大家都很熟悉飞天的形象，那么飞天到底是什么？飞天是干什么的？我们需要先了解飞天和佛教艺术是怎样一种关系。我们在佛教艺术中看到了飞天。实际在印度，不仅是在佛教艺术中，其他宗教如印度教、耆那教艺术中也有飞天。当然，佛教艺术中飞天的内容更多一点。因为中国只接受了佛教，印度的印度教等其他宗教没有传到中国，所以我们能看到的飞天基本上都在佛教艺术中，比如佛教石窟内的雕塑、壁画上。

一、飞天在佛教艺术中的意义

（一）歌舞散花、赞叹供养

佛传故事在讲述释迦牟尼从诞生到最后涅槃成佛的过程中,飞天的形象一直都有出现。比如在描述释迦牟尼诞生之前,释迦牟尼的母亲摩耶夫人梦见一位菩萨乘着白象来到她身边,天上有很多飞天跟随着散花、歌舞赞叹。释迦牟尼长大之后,看

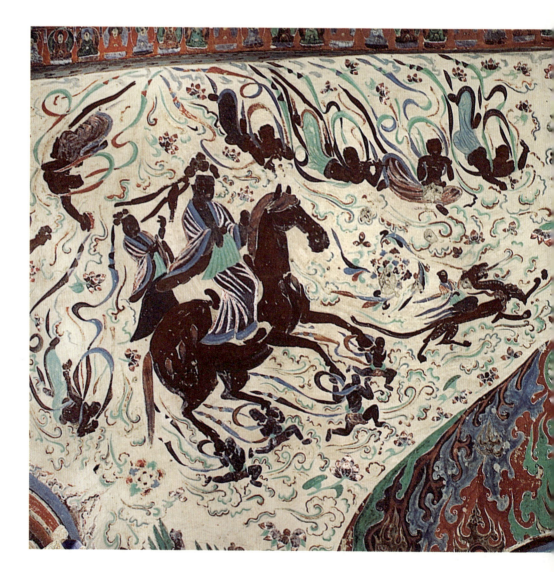

透了人间的生老病死之苦，决定出家修行。于是，他骑着一匹马越过城墙，就出家了，叫作逾城出家。我们能在莫高窟第329窟西壁佛龛内壁画中看到这样的画面（图1）。逾城出家时，天上降下四个小天人托着马足与释迦牟尼出城。这时候，天上也有飞天散花、歌舞。据佛经记载，太子出家之时，在虚空中还有夜叉。夜叉在佛教中也被称作天人，有些天人在虚空当中托着马足。此外，还有诸天等百千亿众。诸天是泛指，

图1　莫高窟第329窟西壁龛顶逾城出家和乘象入胎　初唐

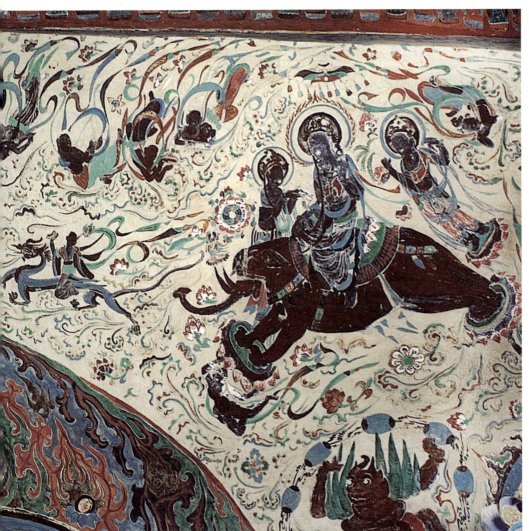

天是佛教的一个概念，指天人，因为天人很多，所以称作诸天。这些天人欢喜踊跃，不能自胜，就向太子身上散花。天人的一个工作就是散花，在印度的传统中，散花相当于对最尊敬的人献花，现在仍有这个习惯。

佛教讲究修行，要修六度，实际上就是六种修行，要忍辱、布施、精进、持戒、禅定、智慧。敦煌壁画中有些故事表现的就是忍辱、布施，最有名的就是尸毗王割肉贸鸽（图2）。尸毗王是非常慈悲的国王，发誓要救助一切善良和弱小的势力。他看到老鹰追着要吃鸽子，便想要救鸽子，让鸽子躲到他手上。老鹰不愿罢休，说："我的口粮就是它，你把它保护起来，我会被饿死，你为什么只救它而不救我？"面对这样的矛盾，尸毗王说："我用自己的肉喂你。"于是便从自己的腿上割下一块肉。老鹰说："你得公平，我只要鸽子大小的肉，多了不要，少了也不行。"于是，尸毗王叫人拿秤来称，一边放着鸽子，一边放着自己的肉。可是，他身上的肉都割完了，还不够鸽子的重量。于是，尸毗王就坐到秤盘上，牺牲了全部肉体。这种精神感动了天地，天地震动，于是有很多天人来赞叹，为他痛哭，又以天花供养，天上的花像雨一样洒落下来。在这个故事当中，飞天是重要角色，她们向尸毗王散花供养、歌舞赞叹。由此，我们知道飞天有散花供养、歌舞赞叹的功能。

（二）"化生—天人—诸天—飞天—伎乐天"的演变

飞天到底是什么？在佛经中，实际上"飞天"这个词出现得非常少，更多的是使用"天人"这个词。佛经里讲到化生，比如《佛说无量寿经》中讲了化生天人。世俗之人要进入佛国世界，必须从莲花里面化生出来，化生出来后就成了天人，人就脱胎换骨了，就不必像凡人那样经受轮回、诞生的痛苦。从七宝莲花中自然化生，然后到佛国世界变成天人，这是天人的来源。

有相当一部分经变画是表现佛国世界的，比如无量寿经变表现的是无量寿佛

图2　莫高窟第254窟北壁尸毗王本生　北魏

世界，也就是佛国世界的场景。佛国世界有一些特点，比如有净水池，净水池中有莲花，佛就在这个世界里说法，前面有歌舞。在佛国世界中，飞天必不可少。经变画中，小巧的飞天会在天空中飞来飞去。有的画面中，画家会表现天人诞生的过程。在莫高窟第220窟无量寿经变中，我们可以看到净水池的莲花里会长出童子。画面中有一朵含苞待放的莲花，童子还在里面没出来；还有一朵盛开的莲花，童子已经在里面翻滚了。到了下一个画面，这两个童子皆从莲花里面生出来了，叫化生童子，化生童子已经是天人了。画面中栏杆旁边有人从水里爬出来，这是化生童子长大了，可以自由自在飞上天空了，就是我们所说的飞天（图3）。这样的画面在敦煌壁画中还有很多，表现了天人的诞生、成长，并最终成为飞天。

莫高窟第285窟佛龛龛楣上的图案很有意思。画面中绘有一组天人，有三朵莲花，天人从莲花中探出半个身子，好像刚从里面长出来，在演奏乐器（图4）。平棋是在洞窟顶上仿建筑天花板的一个个方块。莫高窟第428窟窟顶的平棋图案，中间是莲花，周围四个角有四个天人。其中一角的天人是在莲花里面长出了一半身体的天人，就是一个化生童子刚化生出半个身体。另一角的天人是裸体形象，应该是刚从莲花里面长出来，还没穿衣服。还有一角的天人穿了裙子，在天空中飞翔。最后一角中的天人着长裙，披天衣，自由地飞舞着（图5）。这个平棋的图案把天人化生的过程画了出来，使我们了解到飞天是怎么来的。在莫高窟第394窟北壁的壁画中，我们可以看到佛说法的场面，天人在天空中歌舞赞叹。西侧的天人在弹琵琶，东侧的天人在演奏箜篌，其余的天人好像在舞蹈，手里面托着花，欲散花。

在一些重要的场合，比如佛的诞生、逾城出家、涅槃，都是离不开天人的。莫高窟第39窟的涅槃变，表现佛涅槃的场面，周围有弟子们围绕，龛顶壁画中有几个天人飞下来，在散花、赞叹、歌舞（图6）。这是有佛经可依的。据《大般涅槃经》记载，

图3 莫高窟第220窟南壁无量寿经变中的净水池与化生童子 初唐

图4 莫高窟第285窟莲花化生图案 西魏

图5 莫高窟第428窟窟顶平棋图案中的飞天 北周

图6 莫高窟第39窟涅槃经变 盛唐

佛涅槃后，帝释天率诸天众下来，在空中散花、散璎珞。所以除了花之外，我们也看到了璎珞。

(三)飞天在洞窟中出现的位置

在洞窟里，飞天一般会画在什么地方呢？基本上，一个洞窟里，窟顶要表现天空，正面有佛说法，在佛说法的佛龛内，上半部分一般都有飞天。在靠近窟顶的地方大多都画着一个接一个的飞天，龛顶上也有很多飞天散花。如莫高窟第427窟，在靠近窟顶的墙壁四周有一圈飞天。

莫高窟第428窟窟顶有很多方格平棋图案，里面四角都绘有在天空中飞翔的飞天。莫高窟第244窟靠近窟顶的地方也绘有飞天，飞天的下面有天宫栏墙。在北魏时期的壁画中，天宫栏墙是一个一个的窗口，如莫高窟第254窟，天宫栏墙上有演奏乐器的人，我们把演奏乐器的这些人叫作天宫伎乐。这些天宫伎乐就是天人，因为他们要为佛歌唱、赞叹，所以要演奏音乐。隋代的壁画中没有天宫伎乐，但天宫栏墙依然存在，上面画的都是飞天。飞天同天宫伎乐有什么区别呢？他们的身份是一样的，只不过有的是站着演奏乐器，有的是飞起来的。我们不能说飞起来的是飞天，不飞的就不是飞天，因为不飞的时候他们都还是天人。

二、印度传来的飞天及中国对其形象的改造

(一)印度艺术中的飞天形象

从印度到中国，飞天的形象是怎样演变的呢？在印度，很早的时候就有天人的形象，但是大概还没有飞天这个概念。我们现在用英语讲解时，会用"Apsaras"这个词指飞天。但实际上，"Apsaras"这个词在印度就是"天人"的意思，指可以飞到天空中的这些人。天人包括药叉和药叉女，药叉和药叉女的身份比菩萨要低，作为一

种供养，或者是守门的门神。在佛教产生之前，印度的宗教中就有很多药叉和药叉女的形象，是印度本土民间信仰的产物。药叉女是多子、繁殖的象征。印度桑奇大塔东门上就雕有一药叉女，是一个树神，抓着杧果树。杧果结果的时候是一串一串的，跟葡萄一样，只不过个头很大，所以印度人觉得杧果树也是繁殖和多子的象征。药叉女抓着杧果树是古代印度人很喜欢的一个形象，因为它代表着繁荣和丰饶。桑奇大塔的四座塔门都有药叉女形象，只不过有的地方已经损毁了。我们可以把药叉女当作天人，也就是后来的飞天来看待，因为她的身份就是天人。

印度的佛教艺术有三个流派，分别为犍陀罗、马图拉、阿玛拉瓦提，代表了印度不同风格的佛教艺术。阿玛拉瓦提大塔在南印度，时代比较早，是2~3世纪的。这件阿玛拉瓦提雕刻表现的是拜佛塔，佛塔上面有很多天人，好像在舞蹈。在阿旃陀石窟，我们也可以看到天人的形象。阿旃陀石窟的柱子都很高大，柱头正面中间是佛说法场面，两侧就有天人的形象。在阿旃陀石窟，天人一般是成组出现的，也就是一男一女（图7）。在印度，表现天国的景象一般都要出现成双成对的飞天。阿旃陀石窟第26窟雕刻有佛说法的场景，一佛二菩萨，在佛和菩萨上部的左右两侧各有一组

图7
阿旃陀石窟第16窟主室窟顶飞天

飞天,都是成双成对的。

埃洛拉石窟第10窟上部有明窗,下面有门,明窗两边各有3个天人,朝着中间飞进。这些天人的时代稍晚一点,可能是在7世纪以后。埃洛拉石窟第16窟是典型的印度教石窟,也就是非常有名的凯拉萨神庙,表现的是雪山。这个洞窟里面看起来像一个高楼建筑,实际上是在岩石上凿出来的。印度人造石窟是很花工夫的,这个洞窟开凿了100多年,第一期工程用了50年,第二期用了70年,完完整整地从山崖里凿出一个像宫殿建筑的石窟。因为这座山就这么高,所以向下开凿的时候,也把边上这些浮雕一点点凿出来。埃洛拉石窟第16窟中的飞天形象是印度教的飞天,跟佛教的飞天没什么差别。因为印度的文化很古老,在印度教、佛教等宗教诞生之前,对于天人、药叉的信仰就已经存在了,所以佛教中有这样的天人,印度教中也有这样的天人。

奥兰加巴德石窟是佛教石窟,窟内中间是佛像,两边上部有两组天人,也是一男一女成对出现。实际上,在印度,不管是在佛教、印度教还是其他宗教中,天人的意义是具有相通之处的,因为在印度传统当中很早就有"Apsaras"的传说。人经过修行可以成为天人,然后可以自由自在地在天空中飞翔,这与中国传统的神仙思想不谋而合。印度的天人传说,随着佛教传到中亚地区,再传到中国,有佛教的地方基本上都能看到飞天形象。阿富汗巴米扬大佛顶部的壁画中就有飞天的形象,但我们现在看不到了。

(二)中国境内佛教艺术中的飞天及其形象的变化

丝绸之路沿途有许多佛教石窟,中国境内比较靠西端的克孜尔石窟中也有很多飞天形象。克孜尔石窟第38窟壁画中的飞天很有意思,两个飞天成一组,一男一女(图8)。右边那个飞天的服装现在看起来很时髦,很像现代女性的内衣,其实这种

图8
克孜尔石窟第38窟飞天

服饰很早就有了。女性天人头上戴着花，男性天人头上戴着与菩萨一样的头冠。这
种头冠上面有一个或三个圆盘，叫作三面宝冠。克孜尔石窟第38窟两侧壁的上端还
绘有一个个小窗户，里面皆有成对的天人，叫天宫伎乐，这个像窗户一样的形象是表
现天宫的。这些天人在演奏音乐，一个吹笛子，一个弹琵琶。天宫伎乐就是天人，有
时候可以飞起来，飞起来就叫飞天。但在这里，他们是站着进行演奏的。这些天宫伎
乐的性别特征也非常明显，一男一女，我们把这种两个一组的飞天称作双飞天。双
飞天的形象在云冈石窟中也可以看到，云冈石窟第7～9窟的窟顶都有藻井装饰，装
饰里面能看到许多双飞天。如果与印度的双飞天进行比较，会发现云冈石窟中的这
些双飞天已经分不出男女了。

在中国北方大量的佛教雕刻遗存中，我们发现了很多飞天形象，通常是在佛的
上面，有佛说法的地方就会出现飞天。北齐时期青州石雕中的飞天的面部非常有意
思，都是面带微笑，手里托着一些向佛供奉的花或宝物，表现天人在佛说法的时候
非常高兴地来散花、供奉。中国南方佛教石窟遗存中很少有飞天，只有少数的石窟中
有一些飞天，比如南京千佛岩石窟。千佛岩石窟现在大部分都已无存。这个石窟最早
可以追溯至东晋时期，现存比较古老的可能是唐代的(或许是初唐的)，还有一点点

模糊的飞天的痕迹,说明飞天是无处不在的。大足石刻北山的飞天,可能属于晚唐或者五代时期,时代比较晚。

飞天还漂洋过海飞到日本。日本奈良法隆寺金堂飞天,特别像敦煌壁画中的唐代飞天形象,绘于8世纪,是学自唐朝的。唐朝的中心是长安、洛阳,长安、洛阳的文化向西影响到敦煌,向东影响到了日本。现在,我们通过日本和敦煌,从两头来映照中央,基本上可以推测出当时长安和洛阳的情况。日本京都法界寺的飞天,年代稍微晚一点,属于15世纪。

三、敦煌石窟各时期的飞天

(一)敦煌石窟早期飞天形象

敦煌石窟最早的时代是北凉,之后是北魏。这一时期的敦煌石窟受到外来文化的影响,飞天基本采用从中亚传过来的画法,我们称之为"凹凸法"或"西域式晕染法"(图9)。因为当时使用的颜料颜色很厚重,现都已经变色了,变成一个个黑圈。大家不要以为中国古代很欣赏这种黑色飞天,其实是因为经过了1000多年的时间,原来的颜色变成了黑色。我们可以找一些保存较好的飞天来看看当时的情况,如莫高窟第263窟中的飞天基本上没有变色(图10)。为什么莫高窟第263窟中的飞天没有变色呢?是因为宋代的时候窟壁的表面被敷了一层泥,又画了一层壁画,我们称之为重层壁画。重层壁画有时候会重叠好几层,两层、三层的情况都出现过。我们如果把北宋时期的壁画剥开,会发现底下的壁画颜色非常鲜艳,因为表层的壁画起到了保护作用,底层壁画较少受到氧化和风化的影响,没有受到阳光照射,所以变色就没那么严重。经过比较,很明显可以看出变黑的飞天跟没有变色的飞天差别真的是太大了。还有一些飞天是没有变色的,比如使用石青和石绿色绘制的飞天。石青

图9 莫高窟第260窟飞天 北魏

图10 莫高窟第263窟飞天 北魏

和石绿是矿物质颜料，从化学成分来说，比较高级的石青色就跟蓝宝石一样，化学性质非常稳定，把这些宝石研磨成颜料画上去，经过1000年也不会变色。

敦煌石窟中还有一种表现飞天的方法，就是影塑（图11）。影塑是什么意思呢？就是用一个一个模子把飞天做出来，然后把它贴到墙上，之后再染色。染色的时候注重颜色的变化，使它们有点区别，这样看起来色彩就很丰富了。在北魏和西魏时期的很多洞窟中都可以看到这种影塑飞天，但是也有相当一部分已经脱落了。西魏莫高窟第249窟北壁，也是一组双飞天（图12）。这组飞天很有意思，下面的飞天上

图11 莫高窟第437窟中心柱影塑飞天 北魏

半身是裸露的, 肌肉很强壮; 上面的飞天很清瘦, 穿的衣服比较多, 这就是西魏时期敦煌壁画中出现的新风格, 叫"秀骨清像"。因为受中国南方艺术影响, 这个时候流行"秀骨清像"和"褒衣博带"的风格, 欣赏比较瘦的人。瘦弱的人就得让他穿得厚一点, 要不然就有弱不禁风的感觉。这样的风格要表现什么呢? 要的是一种飘逸的感觉, 所以这个时候出现了很多仙人、神仙。神仙思想本来是中国的

图12
莫高窟第249窟北壁飞天 西魏

传统, 在汉代很流行, 比如墓葬壁画里出现的西王母、东王公等神仙。中国人觉得人要修炼, 死后便可羽化而升仙, 身上会长出羽毛和翅膀, 可以飞到天上, 不生不死, 这是中国神仙思想追求的境界。后来, 中国的道教继承了这样的思想并发扬光大, 所以道教主张要成仙。佛教是讲人死后要去天国, 要经过化生, 化生之后就成了天人, 天人可以自由自在地飞到天上。这也是佛教跟中国传统神仙思想的共同点。大家都喜欢飞天, 中国人特别喜欢飞天, 所以在佛教壁画里面就有很多飞天。

(二) 早期飞天与中国传统飞仙形象

伏羲、女娲是中国传说中创造世界的神, 是汉代绘画中最常见的题材, 大概是因为这个时候中国传统的升仙思想跟佛教成佛的思想开始融合了(图13)。

其实, 佛教传到中国以后经历了长期的斗争。因为中国人大部分是信奉儒家思想的, 中国人也喜欢道教思想, 这些都是中国土生土长的传统思想, 所以起初人们很排斥佛教, 因为它是外来宗教。佛教为了自身发展, 就要想办法融入中国本土思想, 于是就把中国本土的神仙画到佛教洞窟里, 这样中国人看了就觉得很亲切, 就有了共鸣。与中国传统文化有了共同点, 佛教才能在中国生存下去。把中国传统的神

图13
莫高窟第285窟窟顶东披伏羲、
女娲 西魏

仙画到佛教壁画里体现了佛教的包容性,如果没有这种包容性,佛教就无法在中国生存下来。中国人接受了佛教,并将其改造成了中国化的佛教,这体现了中华民族的包容性。所以,文化的演变告诉我们,要有强大的包容性才能够长期发展。

莫高窟第285窟窟顶有个持幡仙人,是按照中国传说画出来的一个神仙形象,他的头上长着像小白兔一样的耳朵,这样的形象在印度文化中大概是没有的,是中国本土的(图14)。中国的神仙思想在许多美术作品中也可以看到,比如《洛神赋图》。《洛神赋》是三国时期曹植的作品,里面描绘了洛水之神飘飘荡荡在天空飞翔的场景,表现得非常美。东晋画家顾恺之把如此美好的形象画成一幅画,叫《洛神赋图》。实际上,顾恺之的真迹我们已经看不到了,故宫博物院和辽宁省博物馆收藏的《洛神赋图》都是后人临摹的。东晋画家对神仙的这种表现,我们在敦煌可以找到很多对应的形象。敦煌在这一时期出现了比较清瘦、飘逸的天人形象,在天空飘飘荡荡,天空中的云彩也好像水流一样(图15)。这种画法是中国式的。这个时候流行的"秀骨清像""褒衣博带",体现在衣服上,就是用丰富的飘带表现出一种飘飘欲仙的感觉。所以,中国人对飘荡在天空中的这种形象非常喜爱,表现方式更加丰富。

图14 莫高窟第285窟窟顶持幡仙人 西魏

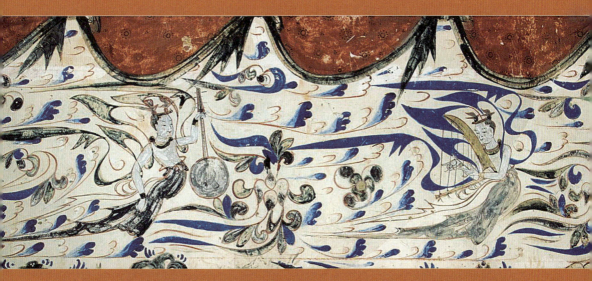

图15 莫高窟第285窟南壁飞天 西魏

比起印度的雕刻和壁画，中国式的飞天显得更加飘逸。

北周莫高窟第290窟中在天空飘荡的飞天，衣服、裙子、飘带在有规律地飘动，有一种不停往前飞动的视觉效果（图16）。北周莫高窟第428窟还有这样一组飞天形象，四个天人组成一个小乐队，在天空中一边演奏一边往前行走。我刚才已经讲过，壁画变黑，是因为时间长了，再加上阳光照射，颜料被氧化造成的。在古代壁画的颜色是没有这么黑的。

（三）敦煌石窟隋唐时期的飞天

到了隋代，画家对光线、色彩的表现非常高超，会让观众感觉到天空的颜色。莫高窟第404窟中，天空的颜色并不全是蓝色，颜色是有变化的，所以给人的感觉非常真实。飞天在这样的蓝色背景下往前飞行，同时很自在地回过头来演奏着乐器笙，色彩效果非常漂亮（图17）。唐代同样会在洞窟四壁与窟顶相接的壁面上画一周飞行的飞天，这个表现形式在北周、隋代、初唐都比较流行。

隋代莫高窟第393窟南北两壁的佛说法图中也有飞天，周围有一些云彩衬托着，在云的烘托下，飞天好像飞了下来。要表现飞动的感觉，仅仅依靠飞天本身是不行的，需要用飘带和云来衬托出一种气氛，画面就有了动感。

隋代莫高窟第407窟的三兔藻井非常有名（图18）。为什么叫三兔藻井？因为中间有三只兔子，画面中总共只有三只耳朵，但是如果我们看每只兔子时，它好像都有两只耳朵。最近几年有专家在研究这种构图形式，认为这种构图形式好像不是中国人发明的，它与波斯以及中亚一些地区的一种图案类似。这种结构巧妙的图案有很多类型，有两只动物结合在一起的，还有四只动物结合在一起的。再加上周围有一圈飞天在飞行，于是我们感觉到藻井好像在转动，是有动感的。一个静止的画面却给我们带来一种动态的感觉，是因为飞天有一种方向性，方向性要是表现好了，我们的

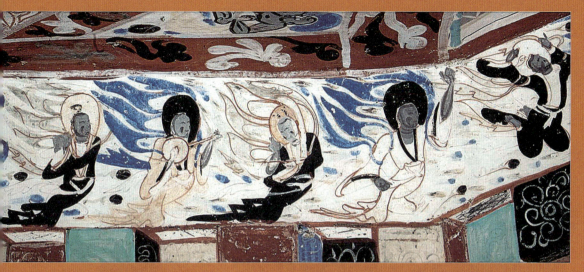

图16 莫高窟第290窟飞天 北周

图17 莫高窟第404窟飞天 隋代

图18 莫高窟第407窟窟顶三兔藻井 隋代

视觉就会感觉到静止的画面在无限运动着，整个天空都在动。

　　同样是表现动感，初唐莫高窟第329窟窟顶的藻井图案，也是通过飞天让这个画面动起来的（图19）。中间的莲花和铺在四周的边饰，好像一顶帐幕，是静止状态的。但有了飞天，它就有了动态，一些云朵伴随着飞天在动，于是形成一个转动的趋势。在外面还有一层飞天，这十几个飞天列队往前飞，如此一来动感全出。除了动感之外，每个飞天的神态也有所不同，色彩也非常丰富，应是唐代的作品风格。唐朝人喜欢色彩，颜色画得非常漂亮。莫高窟第329窟的壁画保存得还算好，变色不算太严重，我们还可以感觉到壁画的华丽灿烂。莫高窟第321窟西壁龛顶的天人，在敦煌石窟中是非常独特的（图20）。佛龛内表现的是佛说法的场景，佛和他的弟子们在龛内，龛顶上画出了天国，天国有飞动的飞天和乘祥云而来的佛，还有一些天人在俯着

图19
莫高窟第329窟莲花
飞天藻井 初唐

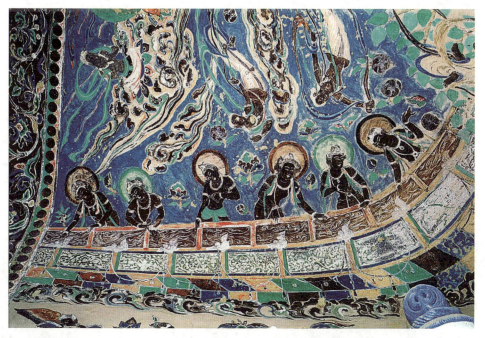

图20　莫高窟第321窟天人 初唐

身子往下看，就好像在天国俯瞰芸芸众生，有一种很真实的感觉。欧洲教堂的顶部也喜欢画这种具有真实效果的天国景象，但敦煌壁画的年代比欧洲教堂画早多了。这些天人的动态是不一样的，但我们要知道的是，站着的是天人，飞着的也是天人。这种独特的表现在敦煌壁画里是不容易看到的，也是唐代人们对天国的想象。

　　唐代画家很擅长使用长线条绘飘带，典型的代表就是吴道子的"吴带当风"。我认为，吴道子肯定也画过很多飞天。飞天的飘带是很真实的，通过飘带我们可以感受到飞天在飞行。莫高窟第217窟北壁观无量寿经变中的西方净土世界有飞天在上面飞行，一个小小的飞天仿佛刚从楼阁里面飞出来，手里还托着一朵花，另一个飞天向下，似乎正要飞进建筑群的楼阁里面，两手托着向佛敬献的鲜花（图21）。类似这样

图21　莫高窟第217窟观无量寿经变中的飞天　盛唐

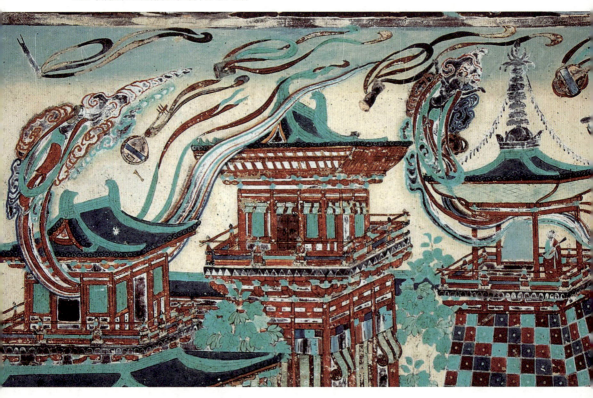

图22　榆林窟第15窟前室顶北端飞天　中唐

的小飞天非常真实，与周围的环境很协调。在这样一幅大的经变画里面，亭台楼阁也
表现得非常真实。那么，在两个楼阁中该如何表现飞天呢？我们发现这个飞天拖着
一朵像尾巴一样长长的云。五彩云随着飞天进到建筑内部，然后绕出来，就像是飞
行轨迹。右边同样也有一个飞天，从亭子的右边飞进来，然后从正面出来，再飞到天
上去，我们通过彩云看出了飞天的飞行线路。本来绘画表现的是一个凝固的瞬间，
所表现的场面是静止的。可是，画家非常了不起，把一个动态的时间展示给我们，画
出了一个轨迹，让我们感受到飞天从天上进到房间再出来的变化过程，这是中国画
家创造的一种绘画方法。

　　盛唐以后，人们喜欢欣赏胖美人。因此，到了中唐，飞天的形象变胖了一点。我们
发现，飞天变胖之后的飞行速度就比较慢了。中唐榆林窟第15窟的这身飞天就好像
是慢慢飞下来的（图22）。中唐莫高窟第158窟的飞天也是这样，尽管有彩云展示飞
行的方向，但好像飞得很缓慢。这是中唐的风格，比较雍容华贵，给人一种悠然飞下

的感觉。

（四）敦煌石窟五代及宋代以后的飞天

每个时代的敦煌石窟壁画中都会有飞天。到了五代、北宋时期，飞天的尺寸很大，如莫高窟第61窟中的飞天长度近2米，在敦煌石窟壁画中算是比较大的飞天。与唐代相比，这个时期的飞天在精致方面差一点，但也有它的特点，就是把飘带拉得很长。飞天拉着很长很长的飘带，演奏着乐器。

榆林窟第10窟的飞天好像是坐在地上演奏音乐的，没有那么飘逸了（图23）。西夏时期的壁画很少，因此榆林窟第10窟壁画中的飞天也是这个时期比较珍贵的飞天画面。画面中两个飞天为一组，一个在打拍，一个在吹笛子，好像是互相协作演奏乐曲。这个洞窟里面的一排飞天，有十几身，两个一组地组合起来，他们之间有一种感情交流，好像在一起玩得很快乐的样子。

元代莫高窟第3窟有一幅非常精彩的千手千眼观音图（图24）。观音菩萨要救苦救难，两只手当然忙不过来，所以有千手。每只手上有眼睛，要眼观八方。一千只手排列起来就像一个圆圈，其实这个画面当中也没有一千只手，大概画了五百多只手，当然画这么多手也不容易。创作这幅画，画家使用了各种绘画手法，把各种线描的方

图23 榆林窟第10窟飞天 西夏

图24
莫高窟第3窟北壁千手
千眼观音 元代

法都展示出来了。画眼睛、画手、画身体，都是不同的线描法。画面的左上角和右上角都绘有飞天，他们在金色云彩上，扛着莲花，像小孩一样。用儿童的形象来表现飞天的情况是很多的，因为飞天是化生，化生出来就是小孩的样子，然后长大。化生童子、童子飞天都是有依据的。这幅壁画中的飞天也比较丰满，从天空中飞下来，似乎要把花献给菩萨。

四、敦煌飞天的艺术特征

（一）飞天的舞蹈性和音乐感

纵观敦煌各个时代的飞天，我们来总结一下飞天的特点。飞天在中国受到广泛欢迎，尤其在敦煌，飞天是无处不在的，有成千上万个。飞天如此之多，就是因为中国人喜欢。为什么喜欢？因为飞天有舞蹈性，有音乐感，线条很美，富有流动感。比较一下印度飞天和中国飞天,我们会发现印度飞天比较写实,但没有在天空中飞动的感觉,而敦煌飞天比较飘逸,不管是向上飞还是向下飞,都会自然地飞动起来。飞天没有翅膀,却能让人感到他飞得是那么自然,这就是中国飞天的最大特色。

(二)线的艺术

莫高窟第172窟西壁佛龛顶部有成对的飞天,其中一个向上,抱着头自由自在地往天上飞升,另外一个向下,好像在跳水一样(图25)。一个向上,一个向下,这样一循环,画面就有了动感,有了音乐节奏,非常自然流畅,在彩云的映衬下形成一个格外动人的视觉效果。这样的效果会让我们想到中国的书法,书法的艺术特点就是它的线性特征。书法是一种线条艺术,用线条把书法家的感情表现出来。有一次,台北故宫博物院展出怀素的书法,我用了一个多小时来看一幅书法作品——《自叙帖》,

图25
莫高窟第172窟西壁龛顶飞天 盛唐

从头到尾看下来能感觉到不同的音乐节奏，有时候是舒缓的，有时候是激烈的。书法家的感情就在线条当中不断地流露出来。所以，我们顺着书法的线条从上往下看时，会发现书法家的情感表露，这同飞天的艺术表达是异曲同工的。现在，很多艺术家在编排有关敦煌的音乐舞蹈时都会使用飞天的形象，这说明他们已经看到了飞天的特点，想用飞天创造出新的舞蹈。现代编创的敦煌舞中，舞者持长长的飘带，用长巾舞蹈，实际上就是把飞天特征强化之后创造出的舞蹈。所以，飞天在敦煌、在中国是非常有代表性的艺术形象。

现在，我们要发扬飞天艺术，并在飞天艺术的基础上创作出新的艺术形式。我们还有很多可以发挥的空间。我认为，艺术家应该更加深入地探讨飞天的一些艺术特性，然后创造出更多的艺术。

 【互动环节】

提问1: 当我们提到敦煌时，大家首先想到的是莫高窟。当大家提到莫高窟的时候，第一反应就是莫高窟的飞天。为什么飞天会成为敦煌的一张名片？

回答: 飞天会成为敦煌的名片，主要还是因为大家喜欢飞天这样的形象。在莫高窟的壁画艺术中，从内容上讲，飞天其实不是最重要的，敦煌壁画中还有很多很丰富的内容。但是为什么大家会那么容易记住飞天? 就是因为飞天的形象很美，飞天这种流畅之美，这种艺术视觉的感官之美，让人很容易就能记住。当然，飞天也给现代艺术提供了丰富的灵感。此外，还因为飞天的形象很单纯，不像很多佛经故事那么复杂。所以，我们可以把飞天当作敦煌石窟壁画的一个标志。但是一定要记住，飞天不是敦煌的全部，敦煌石窟壁画中还有很多很丰富的东西。

提问2：我想问一下，颜色变成黑色的那些壁画，原来的颜料都有哪些主要成分？影塑的飞天是不是都是一样的形象，只是通过颜色的不同来区别？

回答：第一个问题是关于壁画变色的。我们经过对这些颜料的大量化学分析，发现敦煌壁画用的颜料大概可以分为两个类型，有的是不会变色的，有的是会变色的。不变色的有土红、石青、石绿等，因为完全是矿物颜料，化学成分很稳定，所以基本上不变色。还有一些会变色的颜料，其中有一些含铅的成分，比如铅白，本来是白色的，时间长了之后，铅本身会变成黑色，那么铅白这部分颜色也就变黑了。比如铅丹，本来是红色的，里面含铅，时间长了也变黑了。导致变色的主要两个因素是阳光照射和氧化。当然，变色的原因还有很多，大家如果有兴趣，可以看看在《敦煌研究》上发表过的有关敦煌壁画变色研究的文章。此外，画师在画画的时候，在一些本来不变色的颜料（如石青和石绿）中混合了其他会变色的颜料，那么这些本来不会变色的颜料时间一长也会变色。所以，壁画颜色变黑的情况很复杂，我们经过研究，已经了解了一些情况。有些做壁画复原研究的画家也复原了一些壁画。这些都是我们可以参考的。

影塑大概有几种模式，种类不太多。这些影塑都是用模子造出来的，然后贴上去。有的洞窟会使用三四种模子，做出来之后，把它们交叉

着贴到墙上，感觉比较丰富。有的洞窟只用一个模子，所以看上去都是一样的。贴到墙上之后再涂颜色，这样比较省事，比较省劲。现在保存下来的影塑不多。时间一长，影塑没有贴稳，就容易掉落，所以我们看到很多洞窟墙上有一些粘贴的痕迹，但是影塑已经没有了。

提问3: 您提到敦煌莫高窟中飞天的形象是从印度传来的，我们在印度的遗迹里面看到的飞天形象大多是男女成对，具有比较明显的性别特征，为什么传入中国之后在莫高窟的壁画中看不出很明显的性别特征了？

回答: 这就是中国传统文化对它的改造。成双成对的飞天在云冈石窟中有很多，在龙门石窟和敦煌石窟壁画中也有。中国人有意把性别模糊化，这是中国传统文化的一个特点。我们看到印度的飞天一般男女成对，而且往往是裸体的形象。欣赏女性的丰乳、细腰、大臀，这是印度一种传统的审美观。这样的审美观到了中国，受到汉族文化的排斥。汉族的传统文化比较排斥裸体形象，这种观念是在中国传统文化发展的很长一段时间内形成的。在奴隶社会时期，犯罪的人在受惩罚、行刑的时候要把衣服脱掉。所以，裸体在中国古代就意味着犯罪，是坏人。在艺术当中，尤其是表现菩萨和佛的形象时，当然不能出现裸体。这种传统的思维方式一直在影响着中国对艺术的理解，中国传统美术排斥裸体形象，在佛教艺术当中也一样。在克孜尔石窟，我们发现有裸露上半身的女飞天形象，从其上半身的丰乳细腰可以看出来其性别。汉族地区有意模糊了双飞天的性别差异，这是中国传统文化对佛教艺术的影响。到后来密教产生，在西藏、青海等地都可以看到的双身像，就是另外一个体系了，那是特殊的一种宗教因素，不是审美因素。

彭金章，河北肃宁人，敦煌研究院研究馆员、中国敦煌石窟保护研究基金会理事。1963年毕业于北京大学历史系考古专业。1963～1986年在武汉大学任教，创办武汉大学历史系考古专业，任该校历史系副主任兼考古教研室主任。1986年调至敦煌研究院。曾任敦煌研究院敦煌石窟文物保护研究陈列中心主任、中国考古学会理事、甘肃省文物鉴定委员会委员、兰州大学兼职教授。出版专著《敦煌莫高窟北区石窟》（合著）《敦煌考古大揭秘》《敦煌石窟全集——密教画卷》《神秘的密教》等。主编《中国藏西夏文献·敦煌研究院藏卷》《敦煌莫高窟北区石窟研究》。发表学术论文数十篇。

2015年5月15日

丝绸之路与敦煌

朋友们好！欢迎诸位的到来。今天，我讲的题目是《丝绸之路与敦煌》。

一、丝绸之路及其影响

在古代，丝绸之路共有四条。其一为沙漠丝绸之路，兴盛于西汉至唐代，从洛阳、长安（今西安）出发，经河西走廊到西域，也称"绿洲丝绸之路"。其二为草原丝绸之路，从古代中原地区向北越过长城进入塞外，然后穿过蒙古高原、南俄草原到达中亚、西亚，是中亚西北部到欧洲的陆路商道，起源较早，系早期放牧族群活动交流的路线，东端的中心地带在今内蒙古地区。其三为西南地区通往印度的丝绸之路，形成于汉代，起点是成都，经大理到缅甸，最终到达印度，又称"康藏茶马古道"。其四为东南沿海的海上丝绸之路，又称"香料之路""陶瓷之路"，是陆上丝绸之路的延伸，形成于秦汉时期，起点在福建泉州。

我们通常所说的丝绸之路是指沙漠丝绸之路，全长绵延8700余千米，沿线覆盖亚洲、非洲、欧洲的30多个国家。沙漠丝绸之路在我国境内有4000余千米，其中甘肃省境内有1600多千米。今天，我们就只讲这一条沙漠丝绸之路。这条贯穿亚、非、欧的古代商路，是东西方政治、经济、文化交流的一条重要交通路线。通过这条大道，丝绸源源不断地输往西域、中亚、西亚、北非和欧洲。

（一）丝绸之路名称的由来

古代没有"丝绸之路"这一称呼。将这条东西往来的交通总干线统称为丝绸之路，是德国地理学家李希霍芬19世纪70年代在《中国——亲身旅行和据此所作研究的成果》一书中首先提出的。因为这条大道开始时是以丝绸贸易为媒介的。这个名称一经提出就被广泛接受。

（二）张骞出使西域和丝绸之路的完善与发展

西域有广义和狭义之分。狭义的西域是指敦煌的玉门关、阳关以西，葱岭（今帕米尔高原）以东，包括巴尔喀什湖东南以及新疆广大地区在内的区域。广义的西域是指经过狭义西域所能到达的地区，包括中亚、西亚、南亚，至地中海沿岸一带。

张骞曾两次受汉武帝派遣出使西域。第一次是在汉武帝建元三年（前138年），此时河西走廊还被匈奴占据。第二次是在汉武帝元狩四年（前119年），卫青、霍去病在河西走廊大胜匈奴，并将匈奴赶出河西走廊。河西走廊的失守对匈奴来说是极为沉重的打击，正如汉代乐府诗中记载的一首匈奴民歌所言："失我祁连山，使我六畜不蕃息；失我焉支山，使我嫁妇无颜色。"祁连山、焉支山都被西汉管辖了，因此匈奴人感到很悲惨。但是，匈奴仍不甘失败，不时南下，继续对河西等地构成威胁。

张骞出使西域是为了联合原来住在河西走廊，后为匈奴所逼而西迁的月氏人和乌孙人，一起攻打匈奴，史称"凿空"之行。

在莫高窟第323窟有一幅《张骞出使西域图》，壁画中的榜题是："前汉中宗既获金人，莫知名号，乃使博望侯张骞往西域大夏国问诸名号时"（图1）。根据史籍记载，霍去病率大军两次出战河西，大破匈奴，俘获匈奴祭天金人，长丈余，列于甘泉宫，但不知名号。莫高窟第323窟的壁画或许就是根据这个故事绘制的。也有学者考证，莫高窟第323窟的《张骞出使西域图》是根据《魏书·释老志》绘制的。

到达西域后，张骞发现西迁的大月氏人、乌孙人生活很安逸，水丰草茂的新居住地使他们乐不思蜀，不愿意再返回曾经生活的河西走廊。这致使张骞此行并没能达成联合月氏人、乌孙人共同反击匈奴的军事目的。但是，他和副使先后到达了乌孙、大宛、康居、大月氏、大夏等地，与这些国家和地区建立了互派使者的友好关系。

考古发现表明，中原通往西域的这条商贸大道在西汉以前就已经逐渐形成。例如，原产于中国的黍和粟，在距今8000~7000年时传入西域、中亚和西亚；原产于

图1
莫高窟第323窟北壁《张骞
出使西域图》 初唐

西亚的小麦,在距今4500~4000年时传入中亚,后又传入中国;在河南安阳殷墟商代都城出土的许多玉器,经研究证明是产自新疆的和田玉。

张骞到达中亚地区后看到已经有中国的丝绸在市场出售,中国的黍、粟和西亚的小麦也在这里流通,这表明在张骞到西域之前,丝绸之路就已经存在。因而,学界普遍认为,张骞两次出使西域并不是开通丝绸之路,而是使丝绸之路更加完善。

（三）丝绸之路的衰落

陆上丝绸之路的开通、完善和发展,为沿线各国的多方面交流开辟了广阔道路。到了隋唐时期,这条丝绸大道的范围逐渐扩大并达到鼎盛。宋元时期以后,随着海上丝绸之路的发展和中国政治中心的东移,陆上丝绸之路逐渐衰落,原处于咽喉之地的敦煌也失去了往日的辉煌。到了明代,当朝以嘉峪关为界,放弃了对西域的经营,曾经中外使者往来不断、中外客商相望于道的陆上丝绸之路彻底衰败。所以,莫高窟没有明代洞窟,也没有明代壁画和塑像。

（四）丝绸之路的开通带来的深远影响

1. 促进东西方物产、技术的交流和商贸活动

中国的丝绸远销欧洲,深受西方各国青睐,一度成为罗马帝国上流社会最奢侈的华丽服饰。罗马贵族以穿戴光彩夺目的中国丝织品为荣,一时间中国的丝绸比黄金还贵。23~79年,罗马有个博学的学者叫普林尼,在其所著的《自然史》一书中专门讲过丝和丝绸。他将中国称为"赛里斯",并说在"赛里斯",丝就是长在树上。除了丝绸之外,中国的漆器、瓷器、造纸术、印刷术、火药、冶铁技术、水利灌溉技术等也沿着丝绸之路传入中亚、南亚、西亚、北非,最后到达欧洲。而中亚、南亚、西亚、北非,以及欧洲的植物、宝石、香料、玻璃、颜料、珍禽异兽等也源源不断地输入中国。壁画中会用到一种叫青金石的蓝宝石颜料,有助于保持壁画的稳定性(图2)。这种产自阿富

图2　莫高窟第249窟西壁龛佛背光中的青金石颜料　西魏

汗和伊朗的颜料,当年就是从丝绸之路传来的。我们日常吃的蔬菜和水果,好多都是沿着丝绸之路传到中国来的,比如大蒜、茄子、胡萝卜、胡椒、蚕豆、菠菜、苜蓿、葡萄、西瓜等。原产于中国的桃、杏等水果也沿着丝绸之路相继传到西域。因此,在丝绸之路沿线,罗马金币、波斯银币、粟特银币一度成为硬通货。现在丝绸之路沿线出土的这些实物,就是当年中外商品交换的证据。

我们再来看丝绸之路上的"沙漠之舟"。在没有汽车、火车、飞机的时候,骆驼是最好的交通工具,吃一次草,饮一次水就可以几天不吃不喝。藏经洞出土的纸画上描绘有早期的西方商队。北周莫高窟第296窟壁画中的商队也反映了当时的情况(图3)。

1907年,英国人斯坦因在长城考古时,发现了被丝绸包住的生丝。这些生丝应该是准备运往西域的,但不知什么原因没运走,被埋藏了起来。敦煌市博物馆藏有罗马金币。前几年,我们在莫高窟北区还发现了波斯银币,是敦煌考古史上的第一次发现(图4)。

2. 推动文化交流

丝绸之路开辟后,推动了中西方音乐、舞蹈、美术、天文、历法、宗教等方面的

图3 莫高窟第296窟窟顶北披东段福田经变中的商队 北周

图4
莫高窟北区B222窟出土的波斯银币

文化交流。比如创建于公元1世纪的景教，在初唐沿着丝绸之路从中亚传入中国。景教是基督教的一支，由叙利亚人聂斯脱利创立，又称聂斯脱利派，因其主张基督有神、人"二性二位"说，而受到正统基督教派的排斥和打击。431年，在小亚细亚召开了一次全世界的基督教大主教会议，名为"以弗所公会议"。聂斯脱利派在会议的辩论中败了，受到"绝罚"。教徒们受到迫害后，纷纷东逃至波斯（今伊朗），得到波斯国王的保护，并将宗教名改为景教。景教沿着丝绸之路传入中国，受到了中国皇帝的欢迎。景教传到中国以后发展很快，有名的《大秦景教流行中国碑》在1907年被移入了西安碑林博物馆。《大秦景教流行中国碑》是世界四大名碑之首，在世界上非常有名。这个碑刻于唐德宗建中二年（781年），记载了唐代150年间景教在中国传播的情况。碑文中的"法流十道，寺满百城"，反映了景教当时在中国发展的盛况。现在中国香港还有一些景教信徒。

除了景教，还有一些宗教也沿着丝绸之路传到了中国。创建于公元前6世纪的印度佛教，在两汉之际沿丝绸之路传入中国。公元前7世纪在波斯创建的祆教，也叫拜火教，在南北朝时期传入中国。创建于公元3世纪的摩尼教，于唐代武则天时期从波斯传入中国。莫高窟第275窟十六国时期的大塑像，是莫高窟中年代最早的佛教塑像（图5）。

图5
莫高窟第275窟西壁交脚菩萨像 北凉

　　《大秦景教宣元至本经》是藏经洞发现的四件大秦景教文献之一（图6）。另外流传的四件其实是假的，我们在此就不详细展开了。莫高窟北区新近发现的景教十字架，与平常的十字架并不相同，景教的十字架是四个三角形凑在一起的，而平常的十字叫拉丁十字或者希腊十字（图7）。此外，藏经洞还出土了祆教女神像（图8），以

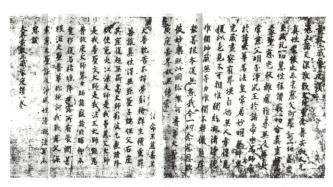

图6
藏经洞出土的景教文献《大秦景教宣元至本经》

图7
莫高窟北区B105窟出土的景教铜十字架

图8　藏经洞出土的祆教女神像（P.4518）

及一些摩尼教文献。

3. 方便东西方人员的相互往来

张骞是见于记载的第一位到达西域的汉族人。东汉的班超父子也是见于记载的比较早到达西域等地的人。班超出使西域31年，晚年想回中原，便上疏皇帝："臣不敢望到酒泉郡，但愿生入玉门关。"可见其思念故乡之情。班超在100年回到洛阳，于102年去世。西晋的月氏人后代竺法护、东晋的法显、唐代的玄奘，还有王玄策等人，都是沿着丝绸之路经敦煌到了西域，有的还到达了印度。此外，元代的两个景教徒，一个叫扫马，一个叫马可，沿着丝绸之路到了巴格达。马可被选举为巴格达景

教教会公会法主。扫马会欧洲多国的语
言，周游欧洲，到了罗马、巴黎。至于东
土汉商西去者亦当不在少数。炳灵寺石
窟壁画上存有法显供养像（图9），因此
可以认为法显是经过敦煌西去的。《西
游记》中唐僧的原型玄奘也是经过敦煌
前往天竺求法。还有王玄策，他三次到
印度，但他是使者，不是僧人。

图9 炳灵寺石窟第169窟法显供养像

从文献记载可知，来自印度的高僧
竺高座，在敦煌收了一个徒弟竺法护。还有来自西域龟兹（今新疆库车）的高僧鸠摩
罗什，在魏晋至十六国时期先后经敦煌到内地弘法译经。至于不见记载的从西方来
的大有人在。

沿着丝绸之路到东土来的，除了高僧大德之外，还有大批使者和胡人商旅。其
中最值得一提的就是活跃于丝绸之路上的粟特人。粟特人原来生活在中亚的阿姆
河和锡尔河一带，是一个说中古东伊朗语的古老民族。粟特人从东汉时期开始，一
直到宋代都活跃在丝绸之路上。这个民族很了不起，以长于经商而闻名欧亚大陆。
南北朝至隋唐时期，中亚有9个沙漠绿洲国家，也就是所谓的"昭武九姓"，包括康、
安、石、曹、米、何、史、火寻和戊地国。康、石、安、曹等后来定居中原，现在的康姓、
石姓、安姓、曹姓、米姓等有可能就是"昭武九姓"后裔，也就是粟特人后裔。粟特人
把大批的中外货物长途运输和贩卖于丝路沿线各地，有些人还长期在敦煌、长安（今
西安）、洛阳居住，甚至定居。到了隋代，609年3月，隋炀帝西巡到了张掖，登上焉支
山，会见高昌王和西域27国的使者、商人，还亲自主持举办了一场规模巨大的国际商

品交易会,号称"万国博览会"。到了元代,意大利人马可·波罗也沿着丝绸之路到了敦煌,随后又到了中原。至于来自域外的胡商应当更不计其数。据此可知,丝绸之路既是沟通欧亚大陆的友谊之路,又是东西方经济、文化交流之路。

二、古代敦煌的历史、地理及文化概况

(一)敦煌的地理环境

敦煌位于甘肃河西走廊最西端,是古丝绸之路上的咽喉之地。现如今,有各种交通工具,不经过敦煌,也可以很便捷地从东部地区到达新疆。但是在古代可不行,没有汽车、火车、飞机,敦煌是去西域的必经之路。河西走廊是丝绸之路的一个黄金地段:两边是山,正面是戈壁、沙漠、绿洲。沙漠是流动的,沙丘可以活动,什么植物都不生长。戈壁是砂石细土,下面是有水的,如果连续下一个星期的雨,戈壁上就会出现一片新绿,而干燥一个星期后,植物就又看不见了。所以说,戈壁、沙漠的区别就在这里。

(二)敦煌的历史变迁

前202年,刘邦建立了西汉王朝。经过汉初70年的休养生息,轻徭薄赋的政策使生产很快恢复,经济也快速发展。到了汉武帝时,汉朝兵强马壮,国富民也富,国力强大。前121年,汉武帝两次派霍去病大战河西,大败匈奴。此时,河西已经置于西汉王朝的管辖之下。同年,汉朝在河西设立了武威、酒泉二郡。汉武帝元鼎六年(前111年),武威郡分置张掖郡,酒泉郡分置敦煌郡,从此"河西四郡"闻名于世,史书中称之为"列四郡"。从此,"敦煌"二字就出现在了中国历史中。当时,敦煌郡管辖6个县,包括敦煌县、龙勒县、效谷县、广至县、渊泉县、冥安县,大致范围就是现在的敦煌市、瓜州县、肃北蒙古族自治县和阿克塞哈萨克族自治县,是现在酒泉

市的一部分。

东汉的史地学家应劭（153~196年）对"敦煌"二字的解释是："敦，大也；煌，盛也。"取盛大辉煌之意，见于《汉书·地理志》。唐代学者李吉甫在《元和郡县图志》说："敦，大也，以其广开西域，故以盛名。""广开西域"也是大的意思。应劭和李吉甫对"敦煌"的解释一直影响到了当代，现在敦煌市政府网站首页上就写有"敦，大也；煌，盛也"。这种解释也未尝不可，因为从敦煌出去就是西域，也就是"广开西域"。但从学术研究的角度来看就有问题了。敦煌郡于前111年设立，东汉的应劭和唐代的李吉甫作为后人解释前朝的地名难免有点望文生义。其实"敦煌"这个名字在张骞出使西域前就应当是存在的。因而有的学者提出，"敦煌"二字应该是古代居住在当地的少数民族对本地区称谓的音译。那么，到底是哪个民族的语言呢？学者们没有统一意见，有人认为是匈奴语，有人认为是吐火罗语，还有人认为是古代突厥语。

敦煌有湿地，水从疏勒河而来。现在，瓜州建造了双塔水库，疏勒河被截流，来水少了，湿地也就变小了。原来罗布泊的水源就是疏勒河，水没有了，气候干燥了，楼兰就成了过去。

敦煌是古代通往中国之门。前年，在英国伦敦举办了一个国际研讨会，以"敦煌与香港——古代与现代通往中国之门"为主题，可见敦煌之重要！敦煌是古代中原王朝海关所在地。"中国之门"的"门"，即海关所在地。汉武帝设敦煌郡不久，就在它的北边修筑了长城。长城上的烽火台，又叫烽燧，白天施烟叫"燧"，晚上举火叫"烽"，是古代重要的军事防御设施。那时没有无线电，也没有电话，来敌人数较少时，白天举一把烟，晚上举一把火；来敌稍多时，则举两把、三把、四把，一般四把火、四把烟的时候来敌最多。十里、二十里一个台子，层层传递讯息。

在敦煌郡西边设有玉门关和阳关,史称"据两关"。在汉武帝设玉门关之前,新疆的玉可能就是经过这里流通到中原地区的。设关时,叫什么名字好呢?因为新疆的玉经过这里,就叫玉门关吧。这个推测是有根据的,因为商代遗址中出土的玉就是新疆玉,而玉门关这条路在以前是最好的选择。那么,为什么叫阳关呢?现在的阳关实际是指阳关北面的烽火台,在它南边2.5千米的地方是阳关旧址,叫作古董滩,经常可以捡到文物。在中国传统中,山南为阳,山北为阴,在墩墩山之南设关,所以叫阳关。

因为玉门关和阳关所处地位重要,并对中国历史产生过巨大影响,因而产生了大批的传世诗作。比如,盛唐著名边塞诗人王之涣的《凉州词》:"黄河远上白云间,一片孤城万仞山。羌笛何须怨杨柳,春风不度玉门关。"唐代著名诗人、画家、音乐家王维的《渭城曲》:"渭城朝雨浥轻尘,客舍青青柳色新。劝君更尽一杯酒,西出阳关无故人。"王维还对《渭城曲》进行了谱曲,就是非常著名的中国古典乐曲《阳关三叠》。

丝绸之路由东到敦煌以后,向西分为南道和北道(图10)。从阳关出发为南道,沿着阿尔金山北麓到伊循(今新疆米兰),沿着塔克拉玛干大沙漠南缘到且末(今新疆且末)、皮山(今新疆皮山)、莎车,经蒲梨(今新疆塔什库尔干)越过葱岭到达中亚。从玉门关出发为北道,穿过罗布泊、楼兰、库尔勒、龟兹、疏勒(今新疆喀什),越过帕米尔高原到达中亚的大月氏、安息。无论南道、北道,都是"发自敦煌,止于西海",这是有文献记载的。从隋代开始,丝绸之路又增加了一条,依然始于敦煌。汉唐使节前往印度和中亚各国,中亚各国的使节到东土来,大都要经过敦煌。东来传教的僧侣,以及西行求法的汉地僧侣,敦煌是他们的必经之地。所以说,敦煌是丝绸之路的咽喉之地,是古代通往中国之门。

（三）古代敦煌的人文环境

敦煌汉晋文化基础深厚，人才辈出。随着西汉敦煌郡的设立和丝绸之路的发展，为了充实边防，汉朝征发、调集了大批兵士到敦煌戍边，并大量迁徙内地的平民、囚犯来敦煌定居。《汉书》上有记载："吏士劫略者，皆徙敦煌。"在迁徙来敦煌的囚犯中，有一批人是具有较高文化素养的，他们将中原文化带到了敦煌地区。从汉代末期一直到魏晋南北朝的数百年间，中原地区战火弥漫、干戈不断，人们为了避难纷纷举家西迁。而敦煌这个地方一度远离政治中心，成为一个经济繁荣、政治相对稳定的独特地区。一批又一批的中原世家大族，举家来到敦煌，这使得敦煌出现了前所未有的文化兴盛。这些世家大族及其后裔成了当地的望族，涌现了大批的硕儒大家。经历了西凉、北凉、北魏三朝的大儒刘昞，一生著作颇丰，其《敦煌实录》是我国古代第一部实录性的史书，在中国史研究中占有重要地位。西晋时期的索靖、汜衷、张翘、索紾、索永五人同在洛阳太学读书，才艺绝伦，驰名海内，被尊称为"敦煌五龙"。此外，还有"草圣"张芝、"亚圣"张昶，以及精通36国西域语言、世居敦煌的高僧竺法护等。

敦煌地接西域，多有塔寺，是佛教自两汉之际传入中国的第一站。之所以谓之第一站，是因为当时的新疆是西域，而内地敦煌就是第一站。考古发现表明，东汉时期敦煌已经有"小浮屠里"这个地名，一说佛、佛陀，一说是佛塔，总而言之与佛教有关系。既然东汉时期敦煌已经有了"小浮屠里"的地名，就表明佛教在东汉时期已在敦煌传播，佛教信仰在敦煌也已经存在了。据记载，来自印度的高僧竺高座在244年就曾到敦煌传播佛教，并收了敦煌本地的月氏人后代竺法护为徒弟。竺法护很聪明，跟着师父到西域去，掌握了36国语言，而且带了大批胡本佛经东归，成为西晋佛教的代表人物，被尊称为"敦煌菩萨"。竺法护的弟子竺法乘又在敦煌"立寺延学，忘

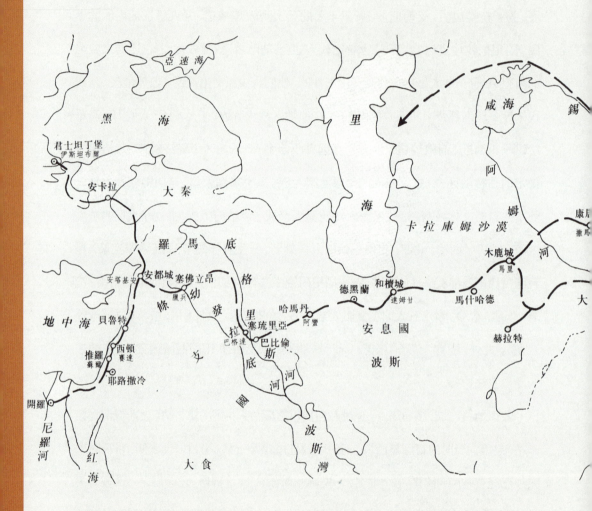

图10 丝绸之路示意图

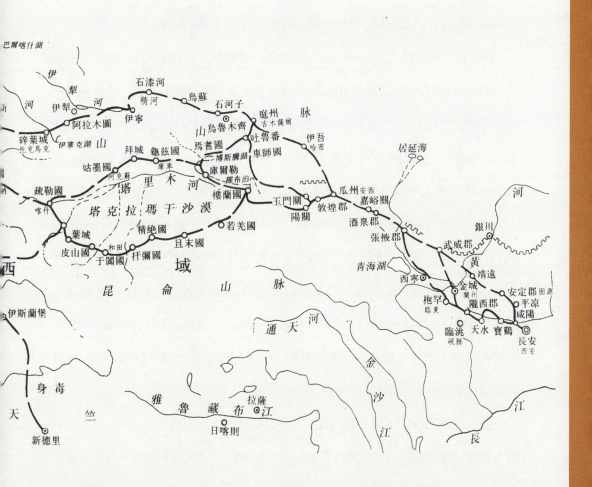

身为道",办学校传播佛教。这时候,敦煌已有"寺庙图像"。《魏书·释老志》记载:"敦煌地接西域,道俗交得其旧式,村坞相属,多有塔寺。"来自西域的高僧鸠摩罗什在敦煌传法译经,被尊为中国著名的四大译经大师之一。传说当年鸠摩罗什在敦煌期间,所乘白马不幸死去,特意修塔以纪念,就是敦煌的白马塔。

西汉设立敦煌郡之后,大批兵士从中原来到敦煌屯田戍边,且守且耕,亦农亦兵。敦煌绿洲具有得天独厚的自然条件,不靠天吃饭,自流灌溉,再加上中原移民带来的先进农耕技术,所以农业生产发展极快,生产自食有余,除了供给移民和军需之外,还可以供应丝绸之路沿线的客商、僧侣、使者等。丝绸之路上有一批粟特职业商人,其中有很多人在敦煌定居。据统计,西晋时期有100多个粟特人居住在敦煌。考古发现也提供了实物证据,1907年斯坦因在长城发掘时,发现了一个邮袋,里面有8封粟特文信件,学术界称之为"粟特文古信札",其时代就是西晋末年(图11)。这8封信是从姑臧(今甘肃武威)、金城(今甘肃兰州)、敦煌这三个地方发出,是住在这些地方的商人写给家乡撒马尔罕(今乌兹别克斯坦)、贵霜以及楼兰等地的其他粟特商人的,不知什么原因这些信没有寄走,被埋在了烽燧堆上。从这些信可知,敦煌和姑臧是粟特人在河西的聚居地。

进入7世纪以后,大唐王朝的富庶和开放使丝绸之路贸易达到鼎盛。大唐王朝国力强盛、文化发达,当时与敦煌发生贸易关系的地区非常广泛,西域胡商和中原汉商在敦煌从事东西方贸易。当时在敦煌的货物既有本地的,也有中原的,也有来自中亚、南亚、印度、波斯、北非、东罗马等地区的,包括五谷、丝绸、银器、驼马、畜牧产品、燃料等20多个品种。这些货物除了本地消耗之外,大部分易手后再转往其他地区,敦煌成为东西方贸易的中转站和中心。到了唐代,敦煌的粟特人集中居住在城东的安城,被编为从化乡。当时沙州有13个乡,而从化乡住的都是粟特人。唐天宝九

图11　1907年斯坦因在长城发掘的粟特文古信札

图12 藏经洞出土译自汉文的粟特文伪经（P.5538）

载（750年），从化乡有300多户1400多人，其中大部分居民是来自康、安、石、曹、何、米等"昭武九姓"的粟特人。

藏经洞出土的文献资料中，有一部分是译自汉文的粟特文伪经（图12）。大家可能不知道佛经有真经、伪经之分。真经指的是释迦牟尼所说的、被记下来的经书，中国佛教徒根据自身对真经的理解而创造的佛经叫伪经。藏经洞出土了一大批伪经，后来被辑录到《大藏经》中。当然，也不能简单粗暴地说伪经就是假经。

因为丝绸之路的兴盛，东西方文明在敦煌交融汇聚，东传西渐，使敦煌成为中原和西方经济文化的吐纳口，成为宗教文化和知识的交汇处。正如国学大师季羡林所说："世界上历史悠久、地域广阔、自成体系、影响深远的文化只有四个：中国、印度、希腊、伊斯兰，再没有第五个；而这四个文化体系汇流的地方只有一个，就是中国的敦煌，再没有第二个了。"所以，史书称敦煌是"华戎所交，一都会也"。这句话出自南朝刘昭所著的《后汉书注》，引《耆旧志》称敦煌："国当乾位，地列艮墟，水有县泉之神，山有鸣沙之异，川无蛇虺（古时指一种毒蛇），泽无兕（指雌的犀牛）虎，华戎所交，一都会也。""国当乾位"，乾代表天，乾位即天位，说的是敦煌所在的位置好。"地列艮墟"，代表这地方有山，也就是祁连山和北山，祁连山和北山之间就是河西走廊。"水有县泉之神"，县泉，即悬泉。悬泉置是汉代的一个大驿站，出土汉简一万多枚，其中就包括记有"小浮屠里"的简，已经被列为世界文化遗产点。悬泉置汉简都记载了什么呢？如西域哪个国家来了多少人，在这里住了几天，有几匹马，吃了多少东西等等。

"山有鸣沙之异"是指鸣沙山。鸣沙山是天下奇观，沙、泉共存几千年，沙是沙，水是水，白天沙往下滑，晚上风一吹又刮回去了，这就是"山有鸣沙之异"。"川无蛇虺"，"虺"是毒蛇，意思是敦煌没有毒蛇。"泽无兕虎"，有水的地方没有犀牛、猛虎。所以，敦煌是"华戎所交，一都会也"。

在这样的大背景下，敦煌出现了延绵千年而不衰的佛教石窟，佛教圣地莫高窟也应运而生。敦煌有5处石窟群，其中规模最大的、延续时间最长的、保存最好的是莫高窟，保存洞窟735个、崖壁1700余米、壁画4.5万平方米、彩塑2400余身，延绵一千年的洞窟、一千年的壁画、一千年的塑像，堪称是"形象的历史""沙漠中的艺术画廊"。莫高窟包罗万象，博大精深，是目前世界上独一无二、举世无双的艺术宝库。

莫高窟还有五块金字招牌，它是我国第一批全国重点文物保护单位；是我国世界遗产当中唯一一处完全具备世界文化遗产6条标准的世界文化遗产——全世界完全具备6条标准的世界文化遗产只有两处，一处是甘肃敦煌莫高窟，一处是威尼斯及泻湖；是甘肃省爱国主义教育基地；是中央六部委向全国中小学生推荐的百个爱国主义教育基地之一；是中共中央宣传部向社会公布的百个爱国主义教育示范基地之一。

丝绸之路是古代中西友谊之路，是东西方经济文化交流之路，敦煌是这条大路上的重镇和咽喉之地，是"华戎所交一都会"，而莫高窟则是敦煌的一颗璀璨明珠。

【互动环节】

提问1: 我想请教一下,现在河西地区包括从敦煌到新疆的这一区域,生态环境还是比较恶劣的,到处都是戈壁、沙漠。当年丝绸之路繁盛的时候,那些商人们走的也是这样的路吗?另外一个问题是,当年设立玉门关和阳关的主要作用是什么?

回答: 先回答第一个问题。古代敦煌,包括河西走廊,生态环境和今天差不多,只是现在变得更恶劣一点。因为水少了,湿地也就少了,所以与2000年前的环境相比是有变化的,但不是特别大,关键是现在整个地下水水位较低。50年前,一出敦煌城,随便挖一个坑就有水,但现在不行了。莫高窟的水也是这样,比过去少了。但这是全球性问题。整个河西走廊过去差不多就是这个样子,有绿洲、戈壁、沙漠,依靠祁连山的雪水。这些年来,全球气候变暖,雪山的雪线升高,降雨量也偏少。所以说,如果是变,是变得不好了。过去湿地多一点,现在变少了一点。湿地少了,地下水位也就降低了。

再来回答第二个问题,阳关、玉门关是关口,跟现在的海关一样,从这里进出要办证照,要验证,不是随便可以进出的。

提问2: 我有两个问题。第一个问题是,世界文化遗产的评价标准具体是哪六条?第二个问题,泰山、武夷山、乐山和峨眉山是我国四大文化自然双重遗产,敦煌莫高窟这么出名,为什么被没有评为5A级旅游景区?月牙泉是4A级旅游景区,莫高窟好像没有评级,这是什么原因?

回答：世界文化遗产的评价标准可以在网上查到，具体来说就是能代表一种独特的艺术成就，是一种创造性的天才杰作；在一定时期内或世界某一文化区域内，对于建筑艺术、纪念物艺术、城镇规划或景观设计方面的发展产生过大影响；能为一种已消逝的文明或文化传统提供一种独特的，至少是特殊的见证；可作为一种建筑或建筑群或景观的杰出范例，展示出人类历史上一个（或几个）重要阶段；可作为传统的人类居住地或使用地的杰出范例，代表一种（或几种）文化，尤其在不可逆转之变化的影响下变得易于损坏；与具特殊普遍意义的事件，或现行传统，或思想，或信仰，或文学艺术作品有直接或实质的联系。世界文化遗产在设计、材料、施工或环境方面的真实性都要经得起考查。真实性不仅仅关系到其初始形式和结构，而且也要关系到文化遗产存在过程中有艺术和历史价值的后加的修改和增添。

至于第二个问题，莫高窟是世界文化遗产，不同于世界自然遗产，乐山、泰山跟莫高窟不是一回事。莫高窟作为世界文化遗产，珍贵之处在于洞窟、壁画和塑像，是三位一体的洞窟建筑，是千年没间断的艺术。莫高窟所在的这座山实际上是鸣沙山的一部分，古代叫莫高山。莫高山上开凿的洞窟就叫莫高窟。中国有400多处石窟，而莫高窟是第一批被列入世界文化遗产名录的。直到现在，中国只有8处石窟是世界文化遗产，但是只有莫高窟完全具备6个条件。说起石窟，敦煌莫高窟是中国石窟之最、中国石窟之魁。

李萍：我来补充一下，莫高窟为什么没有被定为5A级旅游景区？我是做遗产管理的，莫高窟的遗产价值之高刚才彭教授都讲了。从敦煌研

究院这30多年的开放历史来讲,如果把莫高窟放在旅游景区里面,定成5A级,反而降低了它所具有的遗产价值,中国的5A级景区可是很多很多。多年来,国家旅游局、省旅游局提议莫高窟申报,我们都没有同意。但是,甘肃省提出"大景区"建设后,我们也转换了一种思路,虽然不按5A级来申报,但按5A级景区的标准来细化开放管理的细节和流程。我们也成立了一个5A级工作小组,也是要按照这个方向来申报。因为其他省的一些文化遗产也是挂了5A级牌子,所以上级督促我们莫高窟也应该往这方面靠拢。从我们的初衷来讲,莫高窟的遗产价值是很独特、很高的。尽管这么多年来没有申报,但一直是按照5A级旅游景区的标准来做的,世界遗产组织、联合国教科文组织、《纽约时报》等在了解莫高窟的数字展示、网上预约和实体洞窟参观模式之后,也评价说这是在全世界独树一帜的,这种遗产价值的展示方式也最独特。

彭金章: 我再补充一点,莫高窟的价值是独一无二的。文物损失以后是不可再生的,自然的景区还可以恢复。文物不可再生,它的脆弱性、它的珍贵性就体现在这里。

提问3: 彭教授,您好! 在这个讲座的过程中,我有两点疑惑。第一点就是您讲的粟特人,是否就是从河西走廊迁走的大月氏人的后裔? 第二点是,您的讲座中提到"萨保",指的是一个官职,还是指某个西域部落的首领? 其在丝绸之路上所承担的作用时什么?

回答: 萨保是粟特族商队的商头,但不是官方认定的。至于粟特人是不是大月氏的后裔,这个问题就复杂了。有一部分粟特人应当是在中国活动了很长时间,有的粟特人不知道自己姓什么,虽然有"昭武九姓"

之说，但不能包括全部。大月氏与乌孙有一个民族融合的过程，或者叫同化。从我国陕西迁出去的东干族，现在居住在中亚，说的仍是陕西话。所以说粟特人是从河西走廊迁走的大月氏人的后裔是可以的，是对的。但是否都是大月氏人的后裔，学术界有不同看法。

提问4：我们在观看《千年莫高》这部影片的时候，可以看到很多商队。就是他们，因为信念，在莫高窟的崖体上开凿洞窟。这些商队的确是经过敦煌，但莫高窟离敦煌市区有25千米，我想问这些商队真的会从莫高窟经过吗？

回答：从地理位置来说不一定。但是有些人肯定会到莫高窟，因为有些人既是僧人又经商，僧人当然要拜佛，要开石窟造像。佛教中开凿石窟的传统来自印度，印度最早的石窟是坐禅的窟，没有造像，佛像是后来受希腊、罗马文化影响才出现的。所以说，商队不一定经过莫高窟，但莫高窟是佛教圣地。根据记载，乐僔和尚看到三危山上金光闪闪、霞光万道，状如千佛，便开了第一个窟。从此，莫高窟开窟造像不止，从十六国时期到元代持续一千年，所以叫"千年莫高"。

提问5：彭教授，您好！我想问一下，一个洞窟大约需要多长时间才能建成，才能面世？

回答：洞窟大小不一样，有的大窟开二三十年，小洞窟用不了那么多年。当时的条件下，只靠一个凿子、一个锤子，是很不容易的，石头、沙和钙质结在一起很结实。大洞窟，比如莫高窟第130窟，20多年才建成的。当然，一般的洞窟没几年也是成不了的。包括画壁画，现在的画家去临摹，一平方米的壁画要画好多天，更别说在古代，特别是顶上这些壁画需要仰头来画，端的是小油灯碗，站得又高，很难画。再就是靠地面的地方，要俯身去画。那是用心画的，画得好，画得美，为我们留下了优秀的文化遗产。

提问6: 彭老师，您好! 您刚才讲了季羡林先生说敦煌是四大文明的交汇之地，我想问的就是，在当今的大背景下，文化交流对促进"一带一路"建设所起的作用，以及对于未来敦煌国际文化旅游名城的建设，您有什么策略性的看法?

回答: 敦煌作为四大文明交汇之地，在洞窟的形制，以及洞窟内壁画和彩塑上有很多反映，比如这是印度风格的，那是波斯风格的，还有中亚风格的。有的壁画的柱头明显是受希腊、罗马文化影响的。藏经洞发现景教文献，说明这里也有景教。莫高窟北区新发现的铜十字架就是景教的，时代可以追溯至宋代以前。藏经洞发现了4件景教文献，还有绢画，上面一个人戴着冠，冠上有景教的铜十字架。敦煌地区还有摩尼教、祆教的文化遗存。北区新发现有景教的《圣经》，以及波斯银币，这都是当时中西文化交流的印证。

从常书鸿、段文杰、樊锦诗，一直到现在，敦煌研究院在中外文化交流方面做了很多工作，也取得了很大成绩。多年来，我们举办了很多国际会议，宣传敦煌，宣传敦煌文化，宣传敦煌艺术。去年，莫高窟举办了5个国际会议，名字就叫"敦煌论坛"。敦煌莫高窟的管理体制和模式是全国文物界的一个典范、一面旗帜，这是故宫博物院院长单霁翔的评价。而且，我们把敦煌莫高窟作为管理典范向联合国进行了申报。今后，我们在人才培养、国际合作等方面还要继续努力。最近，敦煌研究院与法国国家图书馆签订了协议，将伯希和从藏经洞盗走的文物精品数字化回归给敦煌研究院，大概有几千件。之后，我们计划与英国、俄罗斯等国家的博物馆也签订类似的协议。今后，作为全国时间最长的文保单位，为敦煌国际世界文化名城建设，为"一带一路"建设，我们将继续发挥应有的作用。莫高窟于1944年成立管理机构，一直延续至今，已经71年了。过去可以说敦煌在中国，研究在外国，现在不是了。如今，中国的经济、文化水平有很大提高。现在，我们提倡的是：敦煌在中国，研究在世界，敦煌研究院是全世界敦煌研究的最大实体。

彭金章，河北肃宁人，敦煌研究院研究馆员、中国敦煌石窟保护研究基金会理事。1963年毕业于北京大学历史系考古专业。1963~1986年在武汉大学任教，创办武汉大学历史系考古专业，任该校历史系副主任兼考古教研室主任。1986年调至敦煌研究院。曾任敦煌研究院敦煌石窟文物保护研究陈列中心主任、中国考古学会理事、甘肃省文物鉴定委员会委员、兰州大学兼职教授。出版专著《敦煌莫高窟北区石窟》（合著）《敦煌考古大揭秘》《敦煌石窟全集——密教画卷》《神秘的密教》等。主编《中国藏西夏文献·敦煌研究院藏卷》《敦煌莫高窟北区石窟研究》。发表学术论文数十篇。

2015年5月15日

敦煌莫高窟北区探秘

朋友们好, 这一讲的主要内容是敦煌莫高窟北区探秘。

一、敦煌莫高窟概况

敦煌莫高窟是中国最大的石窟群体, 有735个洞窟, 以雕塑和壁画闻名于世, 展示了延续千年的佛教艺术, 早在1961年便被国务院公布为第一批全国重点文物保护单位, 是1987年中国第一批被联合国教科文组织列入世界文化遗产名录的文物古迹, 远远早于龙门石窟、云冈石窟、大足石窟、麦积山石窟、炳灵寺石窟等其他中国著名石窟。我国共有石窟400多处, 其中全国重点文物保护单位77处, 被列入世界文化遗产名录的8处 (3处在甘肃)。世界文化遗产有6条评价标准, 敦煌莫高窟全具备。世界文化遗产委员会对敦煌莫高窟的评价是："莫高窟地处丝绸之路上的战略要点，不仅是东西方贸易的中转站，同时也是宗教文化和知识的交汇处。"

莫高窟位于敦煌市区东南25千米，鸣沙山东麓。鸣沙山，又叫莫高山，莫高窟也因此而得名。4世纪后半叶到14世纪，信徒在这里开窟造像，至今保存石窟崖面长度约1700米。依照洞窟在崖面的分布情况，有南、北区之分。以敦煌文物研究所（敦煌研究院前身）编号的第1号窟为界，以南为南区，以北为北区。南区崖面长1000余米，分布着《敦煌莫高窟内容总录》中所统计的492个洞窟中的487个。492个洞窟是老数据，现在应是735个，因为加了北区新编窟号。南区洞窟里有壁画，也有塑像，壁画绚丽多彩，塑像栩栩如生，是专家学者考察研究、广大观众参观的热点区域，有着"看了南区就是看了莫高窟"的说法。那北区是做什么用的？我今天重点讲莫高窟北区。北区崖面长700余米，开凿洞窟数百个，过去只有5个洞窟编号，就是461～465，在《敦煌莫高窟内容总录》当中有记录。其余北区的洞窟没有壁画，也没有塑像，因而《敦煌莫高窟内容总录》中没有记录，洞窟也没有编号。这些洞窟几乎是被人们遗忘的角落。但是，元代莫高窟第465窟是有名的藏传密教无上瑜伽密洞窟，是莫高窟特窟中的特窟。

二、莫高窟北区的造访者

20世纪初至20世纪40年代初，有一些人到过莫高窟北区。

第一个是法国人伯希和。1908年，法国人伯希和不但偷盗藏经洞，而且偷盗了莫高窟北区。12月25日，伯希和匆忙赶到莫高窟，利用王道士的无知进入藏经洞，只是象征性地给了些钱，便将洞窟内6000多件文献精品、200多幅绢画、20多件木雕，还有一大批经帙丝织品等运回了法国，现在分别收藏在法国国家图书馆和吉美亚洲艺术博物馆。因为伯希和是汉学家，所以他挑选的是最有价值的文物。不仅如此，他还涉足北区，盗取3大箱北区文物，据不完全统计，其中有回鹘文文献363件，西夏文文献200件，以及数量不详的汉文、藏文、蒙文文献，还有968枚回鹘文木活字。

伯希和用了三个星期的时间，把藏经洞文献，除了斯坦因偷走的，翻了一个遍（图1）。968枚回鹘文木活字现藏于法国吉美亚洲艺术博物馆，其中4枚在1924年当作礼品送给了美国大都会博物馆，4枚送给了日本，现藏于日本东洋文库。

图1
伯希和在挑选
藏经洞文物

第二个是俄国人奥登堡（图2）。1914年8月20日，奥登堡来到莫高窟，他是大宗窃取莫高窟文献的最后一个外国人。在莫高窟期间，他的探险队切割了莫高窟南区第263窟的部分壁画，还对

图2 奥登堡

北区进行了盗掘，窃取了汉文、西夏文、回鹘文、蒙文、藏文等多种民族文字的文献，具体数量不详。特别值得一提的是，奥登堡一行在莫高窟北区盗掘了130枚回鹘文木活字，但是他没挖完，最后被我国的考古学者挖出来了。奥登堡还切割了一个洞窟的佛坐背屏，现在分别藏于圣彼得堡艾尔米塔什博物馆和俄罗斯科学院东方学研究所圣彼得堡分所。这个被盗的洞窟过去没有编号，我们经过比对照片，确定是北区的洞窟。关于奥登堡偷盗的莫高窟文物，上海古籍出版社曾出版《俄藏敦煌艺术品》，其中就有莫高窟北区的编号B77窟。

第三个是沙俄军队（图3）。1920~1921年，460多名沙俄残兵败将被安置在莫高窟，并在莫高窟停留半年之久。他们在南区洞窟内乱写乱画，甚至用刺刀刮壁画和塑像上的金粉，使敦煌艺术又一次遭到人为破坏，有些洞窟壁画就是被他们做饭熏黑的。不仅如此，他们还盗掘了北区石窟，把埋葬元代公主的洞窟内的钗钿等随葬品洗劫一空，所盗物品至今不知去向。洞窟里面有一件文物没被偷走，是一部用金粉写的佛经。此外还有一只"公主脚"留了下来，现保存在敦煌研究院陈列中心文物库房。

第四个是张大千（图4）。1941~1943年，张大千曾两次前往莫高窟和榆林窟，在工作环境和生活条件极其困难的情况下，临摹石窟壁画300余幅，临摹品曾在多

图3 沙俄残兵在莫高窟

图4 张大千在莫高窟临摹壁画

地多次展览，为弘扬敦煌艺术和呼吁敦煌莫高窟成立保护研究机构做出了很大贡献。但同时，我们不得不指出，他在莫高窟期间曾指使他人在莫高窟北区乱挖乱掘，所获的部分文献现藏于日本天理大学附属天理图书馆和美国普林斯顿大学图书馆。现藏于敦煌研究院的《张君义告身》，原为张大千收藏。1949年，他离开大陆时，将在敦煌莫高窟获取的文物带在身边。1962年在香港古董市场出售了4件，分别是3件公验和1件告身，出自同一个窟，其中3件被日本人买走了，现藏于天理大学附属天理图书馆，而《张君义告身》被我国文化部买回来，拨交敦煌文物研究所。张大千带走的文物，具体数量不详。此外，张大千在莫高窟还发现了一只手和一个头，没带走，留在了莫高窟的上中寺。那只手被称为"将军手"。为什么呢？因为这个告身书所讲的张君义是一位将军，那只手实际上就是干尸。莫高窟有两件干尸，分别是一只"公主脚"和一个"将军手"，这是很多人不知道的。

三、揭开北区神秘面纱

莫高窟北区虽然曾有多人涉足，但从来没有进行过科学的考古发掘，蒙在莫高窟北区的层层神秘面纱没能被揭开。比如，北区的洞窟数量到底有多少？我于1986年到莫高窟，从1988年开始对北区进行发掘。发掘前，我进行了很多采访，采访了

段文杰院长、霍熙亮先生、史苇湘先生、孙儒僩先生等人，他们都说不清楚。北区洞窟的数量不清楚，性质和功能不清楚，北区石窟的建造年代及其在莫高窟石窟建造中的地位也不清楚；有人认为，北区石窟是农历四月初八老乡赶庙会时供香客住宿的；也有人认为，北区石窟是放羊人晚上圈羊用的，因为这里有狼，怕狼吃羊，所以晚上把羊圈在里面；还有人认为，北区的洞窟是专供画工、塑匠住宿的。真可谓众说纷纭，莫衷一是。以上说法中，北区石窟为画工窟、塑匠窟的说法，流传最广、影响最大。究竟是不是画工窟呢？不是！那是什么呢？蒙在北区石窟上的层层面纱长期困扰世人，成了一个个谜，学术界也一直很关注。下面，我们就来回答这些疑问。

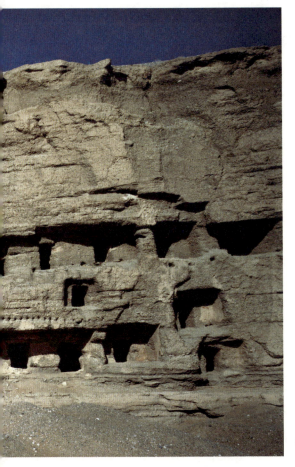

图5　莫高窟北区洞窟外景

我带队在北区进行的考古发掘，取得了意想不到的收获。第一，明确了北区崖面确切洞窟数量是248个（图5），其中5个是过去编号的，新编243个。敦煌研究院对北区进行加固后，修旧如旧，基本上看不出来维修的痕迹。第二，明确了北区洞窟的性质。北区发现了禅窟82个，窟内无壁画、彩塑，很简陋，没有用火的痕迹，也没有埋尸骨，说明是禅修用的。禅窟根据形制分为单室禅窟和多室禅窟，多室禅窟有1~5个大小不等的小禅室，当中面积最大的空间可能是集体活动的场所，如莫高窟北区B132窟（图6）。这里，顺便说一下第464窟，它位于莫高窟北区。莫高窟北区第464窟有壁画，但是此窟在元代以前是没有壁画的，也是一个禅窟。"公主脚"就发现于北区第464窟西北角的小侧室（图7）。并且，我们在这里还发现了用金粉书写的《大藏经》。

1941年，张大千在莫高窟临摹壁画，国民党元老于右任来莫高窟与之共度中秋。于右任很高兴，作了八首《敦煌记事诗》，其中一首写道："更有元代某公主，殉国枯坐不知年。"这句诗指的就是这只"公主脚"。敦煌研究院的史苇湘先生在一篇文章中也言及莫高窟北区第464窟西北角曾经封闭过元朝某王的一个公主，这就对上了。

（一）北区洞窟形制及性质的断定

第一种是禅窟，是供僧人禅修用的洞窟，在北区洞窟中共发现了82个。如上所述，可分为单室禅窟和多室禅窟。单室禅窟即仅有一个禅室的洞窟，多室禅窟即有多个禅室的洞窟。北区单室禅窟存73个，多室禅窟存9个。从印度、中亚，到中国的新疆、中原、四川、西藏等地区都有单室禅窟。多室禅窟来自印度，新疆地区有多室禅窟，莫高窟也有多室禅窟，文殊山也有多室禅窟，但再往东就没有了。

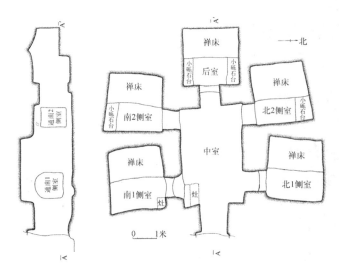

图6
莫高窟北区B132窟平、
剖面示意图

图7　莫高窟北区第464窟前室

第二种是僧房窟。僧人住在北区，这是一项新的考古发现。北区发现了50个僧房窟。加上之前的82个禅窟，说明北区石窟主要就是用于坐禅和生活。这些洞窟都比较高，人在里面活动不会碰头，里面还有炕和灶的痕迹，有的还有一个点灯用的灯龛。本次北区的考古发现填补了这种石窟研究的空白。

第三种是僧房窟附设禅窟，两房一厅，厅是活动用，一房用于坐禅，一房用于休息，可能是一种改进（图8）。北区发现了5个僧房窟附设禅窟，窟内也没有壁画和塑像，跟平常的禅窟差不多。

第四种是瘗窟，也就是人去世后埋葬的洞窟，里面有棺床，有骨灰或骨头。北区共发现25个瘗窟，包括棺葬、骨灰葬、塔葬、坐化葬等形式。据统计，瘗窟中共埋葬有48人，但也可能远不止这些，因时代久远，有些可能被破坏了，或被水冲走了。莫高窟北区B223窟就是一个瘗窟，"将军手"就在这里出土，直到现在洞窟里还有半截身体的干尸，没有头和四肢。敦煌研究院的霍熙亮先生知道我要带队进行考古发掘，特意将张大千挖掘的遗址指给我看。经过我们本次考古发掘，发现张大千之前

图8　莫高窟北区B46窟（附设禅窟的僧房窟）平、剖面示意图

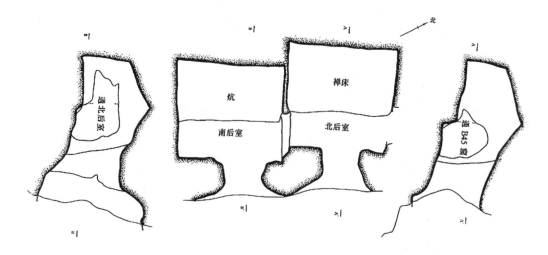

挖掘的那一片遗址中有5个窟是埋人的，时代是隋末唐初。去年（2014年）敦煌研究院举办建院70周年国际学术研讨会，我公布了这一研究结果，得到了学术界的认可。

张大千对"将军手"的发现有所记录："辛巳（1941年）之夏，予与门人、子侄坐石室积沙间食哈密瓜。食罢，以无从得水盥洗，以手掬沙而擦，忽觉沙中有布袋，因扒出之。中有人头一，左手至腕一，右手大拇指一。两手虽干，而指纹犹清晰可辨……既而于后脑下发现纸卷一，仿佛若有字迹……知为景龙初，敦煌白丁张君义以傔人而奋勇杀敌，而升为骁骑尉者。则此头与手当为敌人所戕，其从者以布囊盛之，附以战功状，而藏之窟中积沙下。犹冀他时改葬，不意转战万里，永堆窟中矣。"张大千认为张君义是被敌人所杀，"此头与手当为敌人所戕"，但我经过研究认为不一定为敌人所杀，仅是将人埋在这里，用布袋子装上，附上战功状。前面说到的《张君义告身》便是验证其身份的，他的家人拿着这个去领功行赏。此外，我还挖到了别的干尸，臀部肌肉都是干的，因为敦煌气候干燥，水果可以晒干，纸张保存得很好，人体也是一样，新疆很多地区都有干尸发现。

第五种是礼佛窟。除了之前已经编号的5个洞窟，即第461~465窟（图9），本次考古中新又发现了2个礼佛窟，北区的礼佛窟共有7个。礼佛窟是供僧众、俗人向佛顶礼膜拜、举行佛事活动的显著特征就是有壁画和彩塑。莫高窟北区B77窟内少了一块，是被奥登堡挖走的，至今还有锯痕。其所盗物品现藏于俄罗斯圣彼得堡艾尔米塔什博物馆。

第六种是廪窟，作为储藏之用，也可以叫作仓库窟。本次考古工作在北区发现了2个廪窟，是莫高窟新发现的洞窟类型。在新疆地区也发现了这种廪窟，根据考古资料来看，在其他地区石窟还没有发现廪窟。廪窟面积不大，地上有2~3个土坯砌的腰槽，高30~35厘米，应该是装粮食用的。这与北区是僧房集中分布区有关系。

图9 莫高窟北区第465窟（礼佛窟）

（二）北区出土的珍贵文物

本次考古发掘出土了一大批珍贵文物，编号的有1451件，还有2857片只有几个字的文书没有编号，其中有些非常珍贵。

一是多种文字文献的发现。

本次考古发掘共出土敦煌文献524件，这是继藏经洞发现后敦煌文献的又一个重大发现，增加了敦煌文献的总数量。文字种类有汉文、西夏文、回鹘文、藏文、梵文、蒙文、八思巴文、叙利亚文、婆罗迷文字母书写的梵文等。

汉文文献共发现150件，可分为社会文献和佛教文献两大类。虽是残页残片，但不乏珍品，有些极为珍贵。其一是公文，名为《丁租脚窖钱粮牒》。唐代，每个人都要上税，叫"丁"；地要上税，叫"租"；运费要出，叫"脚力钱"；修仓库也要出钱。唐代的税收很重，人上税、地上税，运费和修仓库的钱都要均摊，地多、人多、摊得多。法律上也有文书，但是实行没实行，没有文献能够证明。莫高窟发现的这件《丁租脚窖钱粮牒》公文，是莫高窟藏经洞和吐鲁番文献中所没有的世界孤本，说明唐代这项法律的的确确实施了。其二也是一个孤本，名为《河西大凉国安乐三年郭方随葬衣物疏》（图10）。这件是有明确年号的，即安乐三年（619年）。隋末农民大起义，武威一个隋朝武官

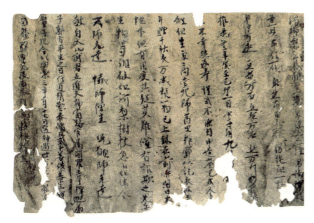

图10
莫高窟北区B228窟出土的《河西大凉国安乐三年郭方随葬衣物疏》

李轨建立了河西大凉国，建年号安乐，但仅存在了短短3年就被灭掉了。藏经洞文献有年号者1000多件，但没有一件有安乐纪年；敦煌文献6万余件，但没有随葬品清单这一种类。所以说，《河西大凉国安乐三年郭方随葬衣物疏》的发现，一来增加了藏经洞之外敦煌文献的类别，因为衣物疏是随葬品清单，藏经洞出土的是佛教文献和世俗文书，不会把衣物疏这类放进去；二来填补了藏经洞文献中没有的年号。

本次发掘还出土了西夏文献100件，有的极为珍贵。西夏是中国历史上由党项族在西北地区建立的封建王朝，它控制的地区是现在的宁夏、河西走廊地区以及内蒙古和陕西的部分区域，国号大夏，定都兴庆（今宁夏银川）。因为地理位置位于中原西部，所以史称"西夏"。西夏立国前夕，夏景宗派西夏大臣、学者野利仁荣仿照汉字结构创造西夏文，于1036年立国前颁布，又称番文、国书。西夏文采用类似汉字的六书构造，笔画比汉字多。西夏文学家骨勒茂才认为西夏文跟汉文的关系是"论末则殊，考本则同"。西夏文创制之后，广泛应用于历史、文学、法律、医学等著作，以及翻译佛经、铸造钱币等。据历史记载，西夏统治敦煌地区长达两个世纪。

宋代毕昇发明活字印刷，但没有留下活字实物或者印刷品，因此有西方学者认为元代才有活字印刷。宋代活字印刷技术传到了西夏，虽然两国互有攻伐，但是贸易互通没有终止，西夏甚至曾向宋王朝七请佛经。目前世界上最早的活字印刷品就是西夏文的。敦煌发现的十几种活字印刷文献是孤本，之前在武威、宁夏、内蒙古额济纳旗黑水城等地发现了不同文种的活字印刷文献，但西夏文的活字印刷文献是最早的，敦煌发现的这些可以说是世界第一。

木刻本《持金牌讹二三等发愿诵读功效文》中的"持金牌"为西夏一种官职称谓，西夏有持金牌、持银牌者，持金牌者是地方上等级较高的官员（图11）。"讹二"是西夏的番姓。这件也属于世界孤本。

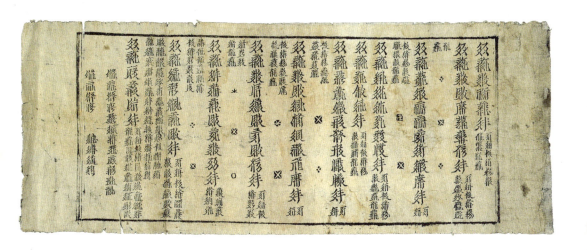

图11 莫高窟北区B125窟出土《持金牌讹二三等发愿诵读功效文》(B125:22)

西夏文、汉文双语双解词典《番汉合时掌中珠》是国内孤本。它是西夏皇帝委托骨勒茂才编写的, 和现在的《英汉大词典》类似, 音义双解, 非常方便实用。该书完本在1909年被俄国人柯基诺夫从额济纳旗黑水城偷走, 现藏于圣彼得堡俄罗斯科学院东方学研究所, 国内藏有其复印件。我们在莫高窟北区B184窟发现了该书第14页的第二面, 为国内孤本(图12)。

西夏统治敦煌地区200年, 灭国后还有很多西夏人居住在河西一带, 使用西夏语言。在元代, 河西地区很流行西夏文《大藏经》。西夏文一直流传到明代中叶, 最晚者见于河北保定莲花池西夏文碑记, 此后消失。

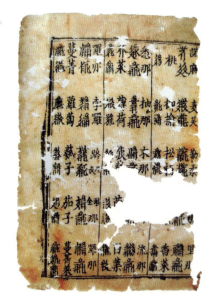

图12
莫高窟北区B184窟出土《番汉合时掌中珠》(B184:9)

117

图13
莫高窟北区B159窟西夏文刻本佛经《龙树菩萨为禅陀迦王说法要偈》残页

这个民族也汉化了，有人认为河南濮阳、安徽合肥、四川羌族地区留有西夏后裔。

再看一个国内孤本，一件有西夏文印戳的刻本佛经（图13），上记两行字："僧录广福大师管主八施《大藏经》于沙州文殊师利塔永远流通供养。"本件是第三次发现有西夏文印戳的《大藏经》。第一次发现的有西夏文印戳的《大藏经》在1908年被伯希和偷走了，现藏于法国国家图书馆。第二次发现的有西夏文印戳的《大藏经》被张大千带走了，现藏于日本天理大学附属天理图书馆。经文内容不一样，但都是西夏文的。前两件流失在外，国内仅存这一件孤本。

本次在北区发现了回鹘文文献119件，其中不乏珍品。其中，回鹘文泥金佛经残页是用金粉书写的，只有皇家贵族才有这种实力（图14）。回鹘文空心艺术字和梵文文献是国内孤本（图15）。回鹘文《阿毗达摩俱舍论实义疏》第一卷第41页中夹写汉字，说明该文献是以汉文佛经为蓝本翻译的。10世纪，一部分回鹘人伊斯兰化，使用阿拉伯文，信仰伊斯兰教。但是，回鹘文字被蒙古人使用后，叫作回鹘蒙文，只用字母，不用音和意思。如果单纯拿到一篇文书，你很难说是什么文，字母一样，但读音和意思不一样。回鹘文有18个辅音字母和5个元音字母，类似拼音字，从左至右、从上至下读。回鹘文的影响很大，故宫匾额上的满文与之类似，但是音和意思不同。

此外，本次发掘还发现藏文文献88件，有佛经、史书、劝善文、官府文书、历史地理著作等，书法写得很好。蒙古文文献出土43件，有圣旨、官方文书、佛典、卖身

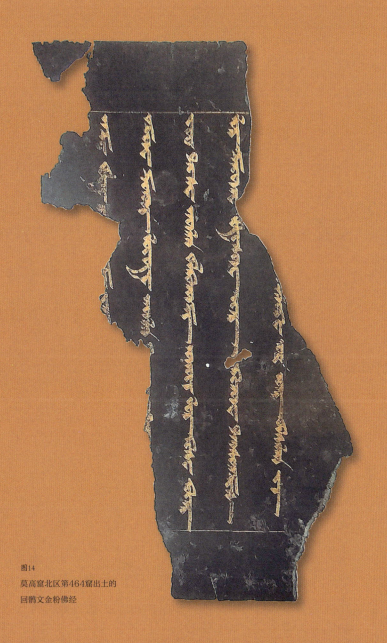

图14
莫高窟北区第464窟出土的
回鹘文金粉佛经

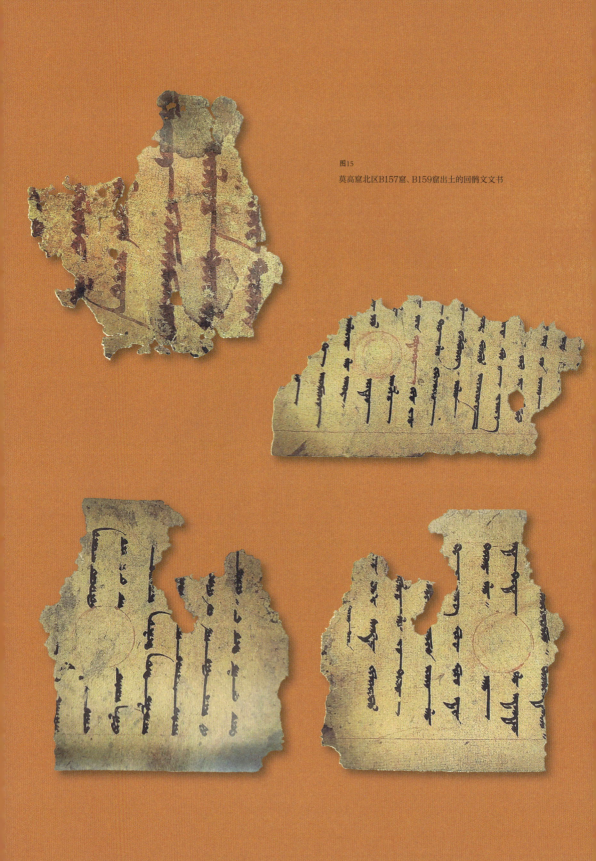

图15
莫高窟北区B157窟、B159窟出土的回鹘文文书

契等, 包括回鹘蒙古文和八思巴文。其中有一件是存世孤本, 记载了14世纪末吐蕃僧人在蒙古人中从事佛教活动的史实。蒙文卖身契属于第一次发现, 为碎片, 也是孤本。八思巴文《善说宝藏》是国内孤本, 吐鲁番也曾出土过一个文本, 后流失域外。元代景教的叙利亚文《圣经》, 是中国现存的《圣经》最古之本, 也可能是现存的最古老的《旧约》经文(图16)。发现婆罗迷文字写的梵文3件, 没有现存相应的汉译本, 价值颇高。

二是波斯银币和西夏银币的发现。

莫高窟北区出土的1枚波斯银币, 填补了敦煌地区波斯银币发现的空白。之前全国发现有波斯银币1000多枚, 但敦煌作为丝路重镇, 一直没出土过波斯银币。本次考古发掘还发现了西夏银币28枚。武威以西出土的西夏银币最多。

三是回鹘木活字的发现。

图16　莫高窟北区出土的叙利亚文《圣经》

回鹘木活字是当今世界上最早的活字实物，至今总共发现1152枚。1908年，伯希和偷盗968枚。1914~1915年，俄国人奥登堡偷盗130枚。1944~1949年，敦煌艺术研究所搜集到6枚，但在哪里搜集的，谁搜集的，不可考知。本次考古发掘发现了回鹘木活字48枚，是唯一一次经过科学发掘出土的（图17）。

对于活字印刷术的发明，国外学术界有两派争议：一派认为是中国发明的，但是传播路线不详；一派认为活字印刷术是1450年德国人古登堡发明的，和使用方块字的中国无关。回鹘蒙古文是一种中介类型文字，与西方的拼音字类似，采用拼凑方式，既有汉字的特点，又有西方拼音字的特点，是中国活字印刷术向西方传播的媒介，这一观点得到西方很多学者的认同。回鹘木活字比古登堡发明的金属活字早二三百年。

四是景教铜十字架。

景教铜十字架的发现，说明西夏或宋以前景教曾在敦煌传播。

图17　莫高窟北区出土的回鹘文木活字

（三）明确北区与南区的关系

一座佛教寺院由四部分构成，第一是礼佛场所，第二是坐禅场所，第三是居住场所，第四是埋葬之地，这四者缺一不可。过去，认为有壁画和塑像就行了，没有人关心僧人住在哪里、埋在哪里。可能有人会说不是还有塔吗？高僧起塔，小和尚、沙弥没有资格起塔，只能埋在洞窟里。经过对北区的发掘，我们现在能够确定，礼佛中心在南区，生活、修禅、埋葬在北区，南、北区合在一起，就组成了完整的莫高寺院。所以说，北区是莫高窟重要的组成部分，不是可有可无，而是必不可少。北区的洞窟时代与南区同步。

莫高窟北区考古发掘揭开了蒙在北区石窟上的神秘面纱，发现了许多重要遗迹和大批珍贵文物，被学术界认为是20世纪晚期敦煌莫高窟一次重大的考古发现，开辟了敦煌学研究的新领域，为敦煌学界、西夏学界、回鹘学界、蒙古学界、藏学界所关注。以研究北区遗迹、重要出土文物为内容的研究课题两次被列入国家重大课题，具体成果反映在《敦煌莫高窟北区石窟》中。为方便一般观众了解北区石窟，我写了《解读敦煌：敦煌考古大揭秘》。综上所述，敦煌莫高窟北区的考古发现揭示了敦煌莫高窟许多鲜为人知的内涵，填补了莫高窟乃至全国石窟考古的某些空白，对于人们全面了解莫高窟的营建史，促进敦煌学和其他学科深入研究和发展，进而探索敦煌在中国、印度、希腊、伊斯兰四大文化体系汇流当中所起的作用和影响，具有很高的学术价值和极其重要的意义。

【互动环节】

提问1: 请问南区除藏经洞外是否有像北区一样的文物发现？如果有，与北区比对，其价值有没有差别？

回答: 南区也进行了考古发掘，如第96窟窟前的大佛考古。在南区也发现了文物，但是因为南区是礼佛区域，窟前加固的时候发现了不少文物，比如画工的调色碟、油灯碗、矿物颜料，还有其他一些用具，或者是从窟檐掉落的东西，但没有像北区发现这么多文献。在殿堂遗址方面，第96窟出土了两块大铜板，其中一块是初唐修大佛时用的。窟前殿堂遗址比现在的九层楼要宽、大，柱础也比现在大得多，说明武则天时是四层楼，后改为五层。1908年伯希和来敦煌的时候，就是五层楼。九层楼是1935年修的。南区的价值和北区的价值两者之间是没有可比性的，因为南区和北区的功能性质不同，缺一不可。

提问2: 莫高窟第130窟和第96窟两尊大佛的文化价值哪个更高？

回答: 两者没有同比性。从伯希和拍摄的照片来看，莫高窟第96窟大佛比现在精致，和洛阳龙门奉先寺的大像相似，奉先寺是武则天用两万贯胭脂钱修建的，大佛以武则天本人为蓝本修建。莫高窟第96窟被翻修多次，是中国室内第一大佛。莫高窟第130窟为原状。两尊大佛时代不同，各有特色，不能同比。

提问3: 请问密教的公众普及率为什么不高？

回答: 密教很复杂, 密而不传。不像一般的佛教要普度众生, 其佛、经、修炼方式、画像都不同。这要从印度说起。印度佛教产生之后, 首先是小乘, 然后是大乘, 大乘后期佛教密教化, 分三条路线向中国传播。到中国后, 密教分成四部, 分别是释部、行部、瑜伽、无尚瑜伽, 也就是四个阶段, 最后成佛。大家所知的千手观音就是汉传密教, 意思是手多者法力无边。汉传密教比较普及, 藏传密教就更加复杂, 因此不便普及。

提问4: 为什么乐僔从东往西行开凿第一个洞窟, 不是西行的和尚开凿的呢? 如果乐僔是第一人, 那他是怎么想到要开凿洞窟的呢?

回答: 据文献记载推测, 两汉时已经有佛教传入, 但是没有发现遗迹, 目前发现最早的就是莫高窟北凉洞窟。至于为什么开凿洞窟? 这是遵循印度的传统"凿仙窟以居禅"。因为乐僔本身是禅僧, 当然开禅窟。

提问5: 画工是怎么画大画像的?

回答: 画工用画稿, 从小放大, 一点一点地画, 画稿详细标明线条色彩, 构图都是一次完成, 不能修改, 说明都是高手。一般而言, 大画像是几个人同时配合画。在陈列馆里有洞窟制作过程的演示, 大家可以去观赏。

提问6: 藏传佛教格鲁派 (黄教) 的创始人宗喀巴和敦煌莫高窟有什么关联?

回答: 没有关联, 他所在的时代比较晚, 莫高窟没有发现这一教派的遗迹。

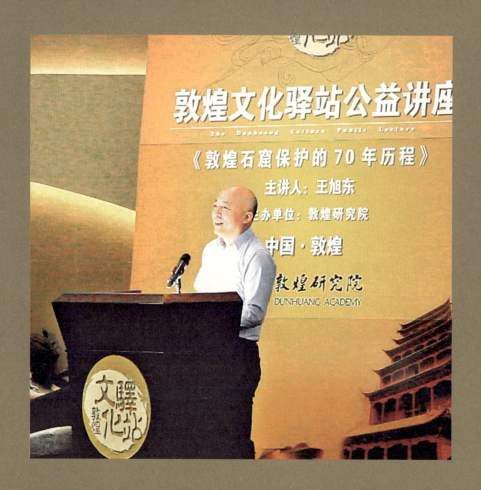

王旭东，甘肃山丹人，敦煌研究院院长、党委书记、研究馆员，兰州大学兼职教授，西北大学兼职教授、博士生导师。2003年获得兰州大学地质工程专业博士学位，2005年1月至6月、2011年1月至3月赴美国盖蒂保护研究所做访问学者。兼任古代壁画保护国家文物局重点科研基地主任，国家古代壁画保护工程技术研究中心常务副主任。自1991年在敦煌研究院从事壁画及土遗址保护以来，在各级刊物上发表论文60余篇，合作出版专著3部，获国家及省部级奖10项，并获文化部优秀专家、全国优秀科技工作者、甘肃省优秀专家等荣誉称号。获技术专利4项，申请技术专利5项，完成国家及行业技术标准5项。作为项目负责人主持30余项全国重点文物保护单位壁画及土遗址保护加固的勘察设计和现场施工，承担国家文物局和科技部下达的文物保护重点研究项目20多项。现主持或参加与美国、日本、英国的国际合作4项。

2015年5月30日

敦煌石窟保护的70年历程

首先，非常感谢数字展示中心举办这样一个非常有意义的讲座，感谢李萍主任热情地邀请我作这样的讲座，同时也感谢各位朋友今天能够来跟我们一起分享敦煌研究院70年的发展历程。敦煌研究院建院70年，也就是敦煌石窟保护的70年。2014年，敦煌研究院刚刚度过了70华诞，有很多国内外的朋友专程到敦煌来表达祝贺，分享敦煌研究院几代人为敦煌石窟的保护、研究、弘扬做出的突出贡献。作为第四任院长，我非常忐忑，之前的三任院长都是在取得巨大成就之后才担任敦煌研究院院长的，因为这个职务不是一般的学者所能担任的。相比他们来说，我尚比较年轻，从事的又是文物保护专业的工作，而不是艺术、历史、考古等敦煌石窟主流专业的研究工作。我是学地质工程的理工男，到这样一个非常重要的人文学科研究机构

127

工作,确实非常忐忑。但是,我也非常自信,为什么?因为我的同事都非常优秀,他们是我坚强的后盾,所有的工作都是由他们来完成的。在这70年里,有很多的专家学者包括管理人员支撑着整个敦煌石窟的保护、研究、弘扬事业,也使得敦煌研究院能够在过去的70年取得让世人瞩目和肯定的业绩。

今天,我看到这么多年轻朋友,于是想到"敦煌文化驿站"这样一个主题。驿站,可能是我们在旅途中休息的地方,也可能是我们在思想历程中能够停留的地方,或者是我们的心灵得到慰藉的地方。有很多人在敦煌这个地方,在敦煌文化的感召下,在敦煌文化驿站这样一个平台上发挥了作用。有些人可能是过客,有些人可能奉献了一生,但是我们都会从敦煌得到我们人生能够得到的东西。

今天,我希望通过介绍敦煌石窟保护70年的历程,向大家展示敦煌与敦煌文化、敦煌石窟艺术以及它背后那些人的故事。

一、敦煌与敦煌石窟

(一)敦煌的自然地理环境

说到敦煌文化,大家首先想到的就是敦煌石窟。我们需要了解敦煌石窟处在一个什么样的自然地理和人文背景下。我们知道敦煌在中国西部,在河西走廊最西端,它所处地区的自然环境是比较特殊的,是一个戈壁沙漠的内陆自然气候和自然地理状况。在新石器时代或者青铜时代,这个地方就有人类活动的痕迹,给我们留下了很多的遗址和文物。敦煌并不是在汉武帝"凿通"西域以后才存在的,实际上在"凿通"丝绸之路之前,这条路上就已经有很多商贸的往来,中原地区很多的农作物、生产方式、技术都是从中亚和西亚沿着这条路传播过来的。现在我们看到的丝绸之路示意图,实际上只是汉代的情况。

中亚、西亚的游牧民族在与中国交流的过程中, 把西方的文化和技术带到中原地区。如果没有游牧民族在这个区域的活动, 可能就没有今天的中国文明, 这也为现在很多考古发现所证明。在这样一个重要通道上, 敦煌具有非常重要的地位, 这主要是由它所处的自然地理环境所决定的。敦煌周围除了沙漠就是戈壁, 但是在沙漠戈壁中间有一块绿洲, 给东来西往的商旅、军队、僧侣提供了物质基础。敦煌处在这样一个特殊的地理位置, 使得它在中西文化交流、商贸交流等过程中, 因得天独厚的条件而形成今天的敦煌文化。敦煌的南面是雪山、沙漠、绿洲等非常壮观的自然景观, 这造就了敦煌, 并让它在人类文明的历史中担起重任。敦煌的北面是沙漠, 环境险恶, 人们只能通过绿洲向东、西方向行进。库姆塔格沙漠就在敦煌的西部, 在世界上也是非常著名的。东来西往的人, 只能从沙漠的边缘向西、向东行进。在这样的环境中, 我们看到很多生命力非常强大的植物, 它们能够茁壮生长。玉门关、阳关都是在一些小的绿洲区域建设起来的, 因为守住了水源, 就守住了这条道路(图1)。

图1　阳关

（二）敦煌境内丝绸之路遗址

大家在古代丝绸之路沿线会看到很多遗址，有汉长城，还有很多烽燧。从玉门关再往西一直到罗布泊，都是烽燧，没有长城在此延伸。这些烽燧一方面可以起到指路作用，另一方面可以起到一些警戒作用。现在的阳关，实际上是阳关的一个烽燧，我们已经看不到阳关之前雄伟的场景了。玉门关原本也是比较宏伟的建筑群。我们从这些遗址中能够看到2000年前敦煌的发展面貌。从张骞"凿通"西域以后，敦煌就走上了历史舞台。汉武帝"列两关，设四郡"，设立了武威郡、张掖郡、酒泉郡，最后设了敦煌郡，所以敦煌的位置是非常重要的。但是，最重要的应该是佛教的传播给我们留下的一些文化印记。佛教东渐，首先经过敦煌，然后沿着河西走廊向中原地区传播，所以有很多僧人、信徒在这里生活，就形成了比较丰富的石窟艺术，包括莫高窟、榆林窟、西千佛洞、东千佛洞，还有五个庙石窟，其中最著名的当然是莫高窟。今天，我仅仅向大家介绍一下莫高窟和榆林窟。

（三）莫高窟佛教艺术及藏经洞文献

随着丝绸之路的衰落和海上丝绸之路的发展，敦煌逐渐退出历史舞台，隐没了几百年，给我们留下了大量的珍贵文化遗产，包括不可移动的和可移动的文物。不仅仅是石窟，还有长城沿线的一些遗址，以及汉简等遗物。当然，最著名的就是藏经洞的发现。藏经洞在莫高窟第16窟甬道中的一个耳室，几万卷佛教文献、社会文书及一些绢画和艺术品出土后引起了国际学术界的高度关注，从而形成了敦煌学。在1944年以前，所谓的"敦煌学"就是研究藏经洞出土文献，1944年以后关于石窟的研究也纳入敦煌学的范畴。在过去的70年中，石窟艺术及其相关的研究有大量的成果。

藏经洞发现的绝大多数都是佛教文献，也有少部分社会文书，为历史研究带来了非常丰富的资料，我们可以从中看到经济、天文、文学等与我们生活相关的各个方面内容。除此之外，藏经洞中还有很多的法器、绢画等遗物。这些文物现在分别藏于英国、法国、俄罗斯、印度、日本、美国，留给中国的也就1万多件。作为人类的文化遗产，这些文物可以由人类共同分享，但是从民族感情来讲，我们希望这些文物有一天能够回归故里，回到敦煌来。现在，我们正在逐步实现数字化发展，已经走出了第一步，法国国家图书馆把馆藏敦煌文献数字化资料全部捐给了敦煌研究院，由我们自由地使用。

敦煌佛教石窟艺术整整延续了1000年，这个时间跨度非常大，在世界上还没有其他任何一个遗址能够以如此跨度连续不断地去创造。莫高窟的创造，事实上是不同文明、不同民族、不同宗教相互交融的结果，我相信今天人类的发展或者社会的发展从敦煌石窟创建、延续的过程中应该能够得到一些启示。我们通过对敦煌莫高窟的研究，可以加强认识，了解丝绸之路沿线的这些国家、民族在历史上是怎么交融、交往的，是怎样形成一种新的具有强大生命力的文化的。实际上，它对中国的美术史、对世界的美术史都有贡献。下面，我给大家简单介绍一下敦煌莫高窟艺术的特点（图2）。

第一，洞窟的分布广、规模大。莫高窟现存洞窟735个，其中有壁画和彩塑的洞窟492个，在世界上没有其他石窟有这样大的规模，这是莫高窟最主要的特点。莫高窟保存着4.5万平方米的壁画和2000多身彩塑，这个规模是非常大的。从中，我们可以看到不同时代的洞窟的形制、壁画的式样，还有一些建筑的规模。

第二，时间跨度非常大。从4世纪一直延续到14世纪，莫高窟的营建没有间断过。为什么没有间断？这与敦煌保持相对安定的局面有关。社会安定了，人们的生活可能就比较安定，生活的幸福指数就会高一点，文化发展就会比其他地方快一些，

图2 莫高窟全貌图

所以莫高窟在延续性、时间跨度上没有能比肩者，像云冈石窟、龙门石窟延续的时间都没有这样长。当然，我们现在看不到4世纪的石窟艺术了，仅仅有文献记载。我们可以看到5世纪以来壁画、彩塑艺术的演变过程，看到在这样一个时间的延续过程中，西域文化、西域文明对石窟的影响。我们可以看到，随着不断地发展交流，中原文化对敦煌石窟的影响。不同文化相互吸收、相互接纳，最后形成了非常伟大的唐代艺术。越到后来，中原的文明力量越强大。在张骞"凿通"西域以前，这条所谓的丝绸之路实际上是一直存在的，那个时候主要受到西方的影响。但到后来，中原文化对西方的影响也是非常大的。中国文化的包容性非常强，我们只要吸收其他文明的优秀成果，一定会把中华文明发展到一个更高的水平。

第三，时代特征和区域性特征明显。我们可以看到，在不同的时代，壁画的内容、样式、反映的社会生活场景是不一样的。其区域性特征不能代表全部大的民族区域，而是代表了局部区域的文化。但是，小的区域一定会受到大区域的影响，不可能割裂联系、封闭运行，一定要跟周边进行交流。所以，我们可以看到西域影响在莫高窟的一些体现，也可以看到中原影响在莫高窟的体现；可以看到于阗家族在敦煌的生活历史，也可以看到中原其他一些家族和当地一些家族的来源和发展。因为敦煌是一个移民地，很多居民原来都是游牧民族，后迁移至此。从历史上来讲，敦煌是多民族、多种文化相互交流之地，今天的敦煌也继承了这样的文化基因。尽管在明代，这样的历史从某种程度上被隔断了。但是，今天的敦煌也一样，有来自五湖四海的家族、家庭共同建设新的敦煌。

第四，艺术形式表现多样。在莫高窟，我们不仅能看到一些窟檐建筑，还可以看到不同时期洞窟的形制，可以看到壁画和彩塑，可以看到藏经洞保存的文献和艺术品，这也是其他地方比较欠缺的。莫高窟的壁画内容非常丰富，尽管主题是佛教，但是要反映佛教思想，一定会用一些现实的社会生活场景来烘托其所追求的佛国世界，不可能脱离现实去表现净土世界，一定会跟现实结合起来。所以，大量的社会生活场景、用品都以壁画的形式展现出来。其珍贵不仅仅在于佛教艺术，还有很多很多内容，我们可以从不同专业角度、不同视角去研究，从中间吸取营养来建设当代社会。我们可以看到当时的绘画水平，看到那些场景里的建筑、动物、人。到了唐代，壁画规模更壮观、内容更复杂、描绘更细腻，这与当时经济社会发展的水平是一致的。我们可以从中了解当时人们的生活，实际上有很多东西都延续到现在，如二牛抬杠（图3）。我小的时候，我的家乡就是用二牛抬杠种地的。但是，随着这30年的变化，有些场景已经看不到了，这些场景从某种程度上也就变成了历史、记忆和乡愁。

莫高窟的壁画呈现了大量的社会生活场景，如树下弹琴等（图4），实际上都是

图3　榆林窟第25窟二牛抬杠　中唐

图4　莫高窟第85窟南壁东侧报恩经变中的树下弹琴　晚唐

反映佛教主题的, 但是用这些社会生活场景去表达佛教的一些思想。这些人物的服饰等, 研究服饰的专家可以用来研究服装的发展历史, 可以用来借鉴, 创造出新的服装设计、图案设计、形式设计等。还有藏经洞出土文献、绢画等, 形式非常多样, 不仅仅是壁画彩塑, 也不仅仅是这些洞窟的形制。

第五, 制作技艺富于变化。我们可以看到莫高窟有很多类型的彩塑, 有石胎泥塑的大佛, 有小的圆塑、半圆塑, 有影塑。

第六, 文化艺术多样。敦煌文化艺术以汉民族文化艺术为主, 同时周边的多个民族也都在这里留下了文化痕迹, 或者说是不同民族文化交流、交融的痕迹, 这是值得我们认真反思的。现在, 中亚、西亚一带, 不同宗教、不同民族之间的争斗给老百姓带来那么多苦难。而在敦煌, 不同民族、不同宗教却能够和谐相处, 不值得我们反思吗? 前几天, 伊朗的政治代表团来访问, 在交流中就说到在隋唐时期, 大量的波斯文化进入敦煌石窟, 为什么? 在那么遥远的时代, 人们已经在交流, 但那个时候伊斯兰教还没有兴起。到了后来, 这些文明交融就相对少一点。他们希望能和我们联合进行一些研究。我相信通过这样的研究, 能够加强不同民族、不同地区、不同文明的交流, 对今天的社会发展会有很多益处。所以, 我们一定要从历史中找到对今天的社会有影响的思想, 不仅仅是为了看艺术而看艺术、为了看文物而看文物。敦煌和敦煌文化的历史意义是非常巨大的, 不同的理念、不同的民族在这个地方都留下了痕迹。当然, 它有一个核心, 这些民族很多都是信仰佛教的。为什么不同民族能够信仰同一个宗教呢? 我们也应该去反思。我们可以看到初唐莫高窟第323窟北壁西侧有《张骞出使西域图》, 还有晚唐莫高窟第156窟南壁下的《张议潮出行图》, 这样一些历史场景都要被纳入佛教的传播内容中, 强调这是佛教传入中国的一个历史。实际上, 任何一个宗教的传播都需要借力。张骞出使西域与佛教的传入是没有关系的, 所以我们要看到这些场景出现的背后原因。

(四) 榆林窟艺术概况

瓜州榆林窟尽管洞窟比较少, 只有42个洞窟, 但它是敦煌莫高窟的一个重要组成、延续、补充, 被称为莫高窟的姊妹窟 (图5)。榆林窟保持了相对原始的状态, 我们在那里可以看到苍凉, 可以感受到静谧。

榆林窟有几个特点: 一是出现了洞窟建造形式的变化。跟莫高窟不同, 榆林窟的洞窟有狭长的前室和甬道, 莫高窟洞窟的甬道都比较浅。二是吐蕃艺术的体现非常明显。吐蕃在中唐时期占领了河西区域, 在榆林窟也留下了非常重要的佛教艺术。同时, 归义军自五代、宋以来就逐渐向瓜州这一带迁移, 一直到了西夏, 重心都在瓜州一带, 所以在这个地方留下了很多的石窟艺术, 同时也保留了窟主的信息及一些历史背景, 为我们研究那个时候的历史提供了非常重要的资料。

图5 榆林窟全貌

二、过去70年石窟保护、研究、弘扬历程

莫高窟作为一个重要的文化宝库,现状怎么样?保护得怎么样?研究得怎么样?在过去的这些岁月中,前后几代人是怎么在这个地方工作和生活的?下面,我跟大家分享一下。

敦煌研究院的前身是1944年成立的敦煌艺术研究所。当时很多有识之士,包括国民党的一些高官,强烈建议成立一个敦煌艺术学院,进行保护研究工作。如张大千,他来到敦煌,看到那些破败、摇摇欲坠的石窟,不断风化的壁画、彩塑,忧心忡忡,就向国民政府建议在敦煌建敦煌学院。最早的敦煌艺术研究所是教育部直属机构。当时,条件确实非常艰苦,基本的物质保障都做不到,没有条件大量招生,最后改成艺术研究所。

敦煌石窟是建立在崖壁上的,前面有大泉河,在砂砾岩岩壁上开凿洞窟(图6)。壁画是在砂砾岩上先抹草泥,再抹细泥(麻泥或者棉泥),然后用矿物原料加上动物胶去绘画,所以壁画是非常脆弱的。幸好敦煌的气候非常干燥,使得脆弱的泥巴和矿物原料能够保存下来,但还是有很多壁画消失了。有些人也许会有疑问:1000多年前的壁画保存得那么好,不像你们说得那么严重啊?实际上,我们现在能看到的壁画只是一部分,有很多已经看不到了,有些洞窟壁画已经荡然无存。即使是保存下来的壁画,其颜料层也剥落得非常厉害,并存在一些病害,如颜料层起甲、水源导致的地仗层破坏等。几乎所有病害的形成都与水的活动有关系,降雨后,水会沿着崖体裂隙进入洞窟,而且降雨后洞窟外的湿度非常高,湿气进入洞窟,窟内相对湿度可以达到80%以上。研究结果表明,只要洞窟相对湿度达到60%,地仗中的盐分就被溶解,当相对湿度下降,溶解后的可溶盐会随水分进入颜料层并结晶,导致壁画出现病害。并不是说,敦煌的气候干燥,历经千年保留下来的壁画就可以安然

图6 1943年的莫高窟

无恙。现在的保护工作要做得非常细，几乎每个洞窟都有这样的病害。经过多年的努力，绝大多数的病害已经得到了控制，现在已经进入预防性保护的阶段。

塑像的制作过程是先打一个木骨架，在上面缠草绳，然后敷泥，最后绘画，所以说塑像使用的也是一些非常脆弱的材料（图7）。随着时间的推移，有水的参与，如果发生地震或者其他的震动，会不断对塑像造成损害，最终会导致塑像的胳膊、手指头等部位断裂，或者是倾倒。莫高窟现存的塑像只是很小一部分，有些洞窟的塑像都没了。可能有些人会问：这些塑像是不是让人偷走了？其实绝大多数都是自然破坏

图7　木骨泥塑制作流程图

的，被盗走的只是一部分。自然的破坏是非常严重的。现在文物保护的原则是：不能复原，只能保持现状，使其保持稳定，能够继续保存下去。很多人希望能够复原，比如佛教信徒是无法接受这样的状况的，但是没有依据是无法复原的。如果把这些塑像视作文物，那我们应该接受它们的现状，这种状态里保存着千年的历史信息，这些历史信息实际上对我们思维方式的影响是非常大的。在1944年以前，尽管有一些人，如王圆箓这样的道士驻守，但莫高窟几乎是处于无人管理的状态。这些驻守的人不懂得保护，不懂得修复，仅仅是清扫沙子。王圆箓这样的一些人为了活动方便，竟然把洞窟之间的洞壁打穿，破坏了很多壁画。尽管做了很多坏事，但是王圆箓发现了藏经洞，使得敦煌重新为世人所知。国外的探险家、考古学家纷至沓来，通过各种手段骗取了藏经洞中的文物。令人比较欣慰的是，这些珍贵文物被带到国外后，保存得都比较好。大英图书馆地下室里有一间专门的房屋保存敦煌的文物，恒温、恒湿，有些珍贵的文物会被单独保存，经馆长签字才能对外展示。有时候内心的确有一些不平衡，总想着这是我们中国的文物。如果站在整个人类文明发展的角度，我们对此是可以接受的，但也需要时间去消化，目前不是所有人都能够在这个问题上达成一致。

图8 华尔纳

图9 华尔纳1924年拍摄的莫高窟第96窟大佛

美国人华尔纳，我们一定要记住这个人（图8）。他不仅偷走了莫高窟的塑像，还揭取了很多的壁画，不像斯坦因和伯希和是付了一些银两，象征性买去的。斯坦因等人留下了大量珍贵的照片，让我们可以目睹100年前莫高窟的状况。当时的莫高窟非常残败，大量的窟檐建筑都已经消失了，壁画露在外面，可见这些人对莫高窟的破坏是非常大的。还有就是被赶到新疆的沙俄军队，当地政府为了不让他们胡来，不要扰民，就把他们圈在千佛洞。他们住在洞里，生火做饭熏黑了壁画，并且随意在壁画上刻划。可见，政府对文化不重视是多么可怕！所以，我们在不同的场合呼吁，强调文化遗产的重要性、脆弱性，就是希望政府部门在做决策的时候能够慎重再慎重。

从华尔纳1924年拍摄的照片来看，莫高窟第96窟的大佛在那时候就已经被毁坏了，佛殿上部已经坍塌，佛头露在外面（图9）。之后，当地老百姓募捐修建了现在的九层建筑，使得这个大佛保存到今天，变成莫高窟标志性的建筑。由此可见，很多的保护力量来自社会大众，因为有了信仰，就会敬畏，当没有敬畏的时候，可能做出很多让历史鄙视的行为。

（一）常书鸿的不渝守护

敦煌艺术研究所建立后，第一任所长是常书鸿先生（图10），他当时已经是美术领域卓有建树的学者。他到法国留学10年，在塞纳河边的书摊上看到了伯希和的《敦煌石窟图录》，下决心有一天一定要到敦煌去看一看，看看中华民族在敦煌的艺术创造。他回国以后，这个信念一直没有隔断。历史的巧合，把他送到了敦煌艺术研究所，但是这一来就再没有离开。这里就是他的生命。他的夫人忍受不了艰苦的条件和生活环境，最后离他而去。在这样的情况下，他也没有离开。1945年国民政府撤销敦煌艺术研究所的时候，他仍然不愿意离开。常先生任所长的时候，条件非常艰苦，只有6个人，其中真正懂艺术的就4个人。这就是我们伟大的常书鸿先生。如果没有他的坚持，就没有敦煌石窟的今天，当然就更没有敦煌研究院的今天。随着石窟研

图10
常书鸿一家

究的不断深入、价值的挖掘、任务的扩大，就必须有各种各样的人加入这个事业。但如果没有当时的6个人，这个事业怎么去创立？如果没有常先生的坚持，这个事业怎么会延续到今天？1947年以后进入敦煌艺术研究所的，都是从艺术专科学校毕业的学生，不是为了谋生，而是为了艺术，从大城市而来。

敦煌艺术研究所做的第一项保护工作，就是建了一堵围墙（图11）。当时，当地老百姓可以随意进出莫高窟，并会用手随意触摸壁画，尤其是在农历四月初八的时候，各种毛驴车、牛车、马车随便停放，所以建了围墙。有报纸专门报道了这件事，可见是不得了的工程。敦煌艺术研究所作为一个中央机构，没有经费和人力支持，但还

图11　莫高窟早期保护所修筑的围墙

是做到了。怎么做到的? 因为常先生到处"化缘", 希望地方政府能多拨一些经费, 派一些劳力。当时, 地方政府对莫高窟的支持非常大, 能够认识到文物保护的重要性, 所以相互理解, 相互支持。

然后是做临摹工作。毕竟他们是艺术家, 必须要作画, 而临摹是第一步, 一方面把技法研究透, 另一方面将临摹看作一种保护方式。当时也是担心总有一天这些东西会消失, 临摹下来能使保存时间长一些, 这是当时最重要的一项工作。

还有一些小的维修工作。在那样艰苦的条件下, 经费非常有限, 有时候工资都发不下来。因为敦煌离南京很远, 有时候工资要通过很多渠道才能到达敦煌。但是保护工作一直没有停止, 让我们真的非常感动。所以有时候不是钱的问题, 实际上是态度问题。到了1948年, 莫高窟有些地方就已经维护得像模像样了。

中华人民共和国成立后, 中央政府高度重视莫高窟的保护工作, 1950年接管了敦煌艺术研究所, 改名为敦煌文物研究所。为了将工作做得更深入, 常先生申请邀请北京的考古专家、建筑专家来莫高窟做调查, 拟定保护方案, 并希望能够得到中央政府全方位的支持。这样的努力大概有10年的时间, 毕竟当时交通条件非常差。20世纪50年代初, 有4位专家来现场调查之后撰写了报告, 报到中央政府, 好几年就过去了。然后批准先做一点实验, 都没有经验, 就先做实验, 又是几年过去了。到了20世纪60年代, 才开始真正地进行大规模加固保护。中央政府非常重视莫高窟的保护和研究工作, 因为国内没有壁画保护的专业人才和技术, 所以从国外聘请了很多专家。

如今, 我们使用的很多壁画修复方法和工具就是从捷克专家处学来的。当时聘请了一位捷克专家, 他修复时很随意, 实际上也是对壁画的不尊重。现在壁画上的"眼泪", 就是那时捷克专家使用的加固材料留下的痕迹。而且, 他在配加固材料的时候，不让工作人员看，自己偷偷配好，然后第二天带到修复现场。捷克专家待了不到一个月就走了。根据照片资料，敦煌文物研究所的一些年轻专家开始摸索，后来得到北京专家的技术支持，逐渐形成了现如今的壁画保护方法。现在敦煌研究院的壁画保护方法是全国领先的，甚至在国际上也有一定的影响。从这个时期开始，莫高窟的壁画修复进入一个新的历史时期。比如修复专家李云鹤先生，当时20岁出头，现在已经80岁了，还在一线工作，可以说是中国壁画修复的鼻祖。

当时文化部的一些领导到敦煌来指导加固工程，而且这个加固过程得到了梁思成的高度重视，加固工作的基本原则都是他制定的。敦煌开辟了中国石窟加固的先河，尽管当时的工作使石窟的形貌有了大的改变，从文物保护的角度来看是有一点遗憾的，但是从实际效果来讲，至少让这些洞窟能够稳定，让它不要坍塌，让壁画处在一个相对稳定的环境中，而不是裸露在阳光下，裸露在风雨中。

清沙是20世纪40~70年代非常重要的工作。清除长期以来积满的沙子，还要不断清除刮风带来的砂砾等，这个任务非常繁重。莫高窟的顶上是戈壁，后面是鸣沙山，最开始的设想是挖沟，让沙子流到沟里，然后修墙把沙子挡到墙后面（图12）。虽然这些举措现在看起来特别天真幼稚，但是他们不断探索，一次次失败一次次去探索，才有了现在比较彻底的治沙综合方式。没有过去的这些尝试，我们今天可能还要走很多弯路。一场风沙就能把这个沟的一半填满，一个春天过去，这个沟又成平地了，建的挡沙墙很快就会填满。但是没关系，他们又想出办法，在墙下面再开一个洞，弄一个袋子，慢慢把沙子引下来。多有智慧啊！这真的让现在的我们汗颜。现在，我们有那么多的经费，有那么多的技术，但是做的工作还是不尽如人意。尽管目前敦煌石窟保护工作做得不错，但其实还有很多遗憾，还有很多任务需要我们静下心去认真研究，运用多学科的方法加以解决。

图12
1955年治沙工作照片

　　20世纪40~70年代,敦煌文物研究所在考古学、美术史等方面都做了大量工作,完成了对洞窟的基本调查。虽然条件艰苦,但研究所的工作人员没有退缩,他们临摹的作品为中日友好、中日建交做出了贡献。冬天,洞窟里特别冷,现在的工作人员都很少在冬天去现场,大多是在室内做案头工作,而那时的工作人员都要到现场去,穿着老棉袄,进行考古发掘、洞窟调查,把资料积累下来。20世纪80年代,敦煌文物研究所出版了大量的研究成果,是非常难能可贵的。

　　第二任院长段文杰复原了《都督夫人礼佛图》。这幅图位于莫高窟第130窟甬道,几乎是看不清楚的。但是,段先生凭借着坚韧,一点一点地去调查、辨识,然后把它复原出来,这是非常了不起的!研究院的专家们在壁画临摹、塑像临摹方面进行了大量的探索。他们不仅在莫高窟工作,而且条件允许的情况下还到榆林窟去。榆林窟距离敦煌有172千米,现在开车最慢两个小时,但是那个时候坐牛车要走好几天,戈壁滩上没有什么像样的路,有些地方根本就没有路。在非常简陋的条件下,他们白天晚上加班加点地画,因为带的干粮有限,只得抓紧时间。后来,这些临摹品被送到日本去展览,引起了非常大的轰动。20世纪60年代,有很多日本人到敦煌来。"文化大革命"结束以后,大量的日本艺术家、历史学家等来到敦煌,他们觉得敦煌是日本文化的故乡。所以说,我们在认识上不要割裂这种文化的联系,有时候文化会起到很好的润滑作用,让世界变得更和平一些。

图13是当时敦煌文物研究所的全体职工,看起来有学者的气质,但穿着基本上跟工人、农民差不多。在那样清贫的环境里,你可以看到他们内心的那种愉悦,非常感染人(图13)。

值得欣慰的是,在"文化大革命"期间,莫高窟没有受到任何破坏。一方面与中央政府强有力的指示有关。1961年,莫高窟被国务院公布为第一批全国重点文物保护单位。国务院在"文化大革命"期间特别指出,对全国重点文物保护单位不能进行任何冲击。当时,敦煌文物研究所的工作人员分了很多派别,互相有争斗,但是在保护莫高窟这个问题上绝对一致,谁都不能动这些壁画和彩塑。莫高窟能够安然无恙,源于大家对文化的尊重。

1984年以后,中央一些领导人陆续到敦煌来考察,都认为敦煌非常重要。当

图13
1965年敦煌文物研究所员工合照

时，邓小平说了一句话："敦煌这个事还是个大事，要全方位地对它们给予支持。"为落实邓小平关于保护好莫高窟的指示精神，1984年，甘肃省委省政府决定将原来的敦煌文物研究所变成正厅级的科研单位敦煌研究院，编制从1984年以前不到80人扩大到300人，面向全国招纳人才。正是有这样一个决定，才有了今天的敦煌研究院，有了今天敦煌石窟保护、研究的现状。1984年以后，敦煌研究院招收了大量大学毕业生。不管是留下来的人还是离开的人，大家都为曾在敦煌研究院工作过而自豪。

1984年以后，有了政府坚强的后盾保障，另外加上国际社会与国内的一些支持，敦煌研究院的发展进入了快车道。当然，一个非常重要的基础就是前辈们在之前40年的积累。敦煌壁画保护进入相对比较科学的阶段，也得益于国际合作。直到现在，虽然治沙已经变成了一个系统工程，但我们还保留着常先生等人当年做的挡沙墙和高立式的沙障，把这些当作文物保留下来。我们不仅要保护洞窟内的壁画和彩塑，还要保护整个环境。所以我们经常说，保护区是不能搞建设的，要保持一种自然的状态，当你进入某个环境中，会感觉进入了一个历史的场合中，回到了古人生活的场景中，才能用心灵跟古人对话。所以，保护自然环境也是文物保护的一个重要任务。

（二）新时期的保护工作

1. 科学的检测体系

新时期的保护工作已经进入预防性保护的阶段，是在过去抢救性保护的基础上逐步发展起来的，因为很多的危险从某种程度上已经解除了，但是有很多的自然因素、人为因素还威胁着文物的安全，如降雨、风沙、地震、旅游建设等（图14）。把这些因素对文物的影响弄清楚，加以控制，将其对壁画、彩塑、石窟的影响降到最低，

图14 新时期莫高窟窟顶防沙工程

就是敦煌文物保护工作追求的目标。我们经常说,保护的最高境界就是不动,不要去碰。跟人一样,做任何一个手术都会伤害元气,都会改变这个人完整的组织结构。所以,现在的保护工作是进行预防性保护,主要是控制以上这些因素对文物造成的影响。敦煌的文物保护工作有一个比较系统的监测预警体系,周边布有地震工作站、监测站,所有的开放洞窟都安装了温度、相对湿度、二氧化碳浓度监测传感器,一旦超过某一个警戒值,马上停止开放。当然,这一系统还在逐步完善,预计两年后会建立完整。比如祁连山区域的降雨量,可能会导致多大的洪水发生,会随时传递信息过来;洞窟的相对湿度达到多少,也会随时传过来,提醒管理者要采取一定的预防性措施。

2. 石窟数字化项目

数字敦煌项目,目的之一是保存珍贵的壁画和彩塑,之二是通过数字技术把文物信息采集下来,用信息技术将其传播到更大的范围中去,将对实体文物的影响降到最低。数字敦煌的发展方向,一是供学者使用,二是为公众服务。经过20多年的探索,数字敦煌技术逐渐完善,可以说已经能够基本满足当前的需要。

(三)敦煌学研究的多学科、多视角性

目前,敦煌研究院在文物保护、考古研究等方面取得了很多成就,在诸多研究团队或机构中,已经成为国际上最大的敦煌学研究实体。将来,敦煌研究院还会向国际社会开放,吸引更多的人到这里来进行研究,因为敦煌学的研究内容太丰富了,不是敦煌研究院几十个研究人员能够完成的。我们的学科种类还是比较单一,需要多个视角、多种学科加入进来。

敦煌研究院第三任院长樊锦诗在做一个伟大的工程,就是整理莫高窟所有洞窟的考古发掘报告,现在第一卷已经出版了(图15)。其中,临摹工作从20世纪40年代一直持续到今天,不仅仅是把壁画复制下来,而是通过临摹、研究技法,传承千年的

图15 敦煌研究院第三任院长樊锦诗

艺术文脉,然后指导今天的创作。在临摹的过程中,工作人员经常说自己是在跟古人对话,没有对话就没有好的临摹作品。这从某种程度上可以说明临摹不是拷贝,实际上是创作。虽然临摹工作有一段时间受到数字化的冲击,工作人员都有些迷茫。但我认为,临摹工作是数字化无法替代的,数字化就是复印,临摹一定是有创造的,所以临摹工作一定会坚持下去。我们的临摹品已经去到世界各国展览了。当

然，数字化的成果也是可以展览的，但大家还是更希望看到临摹品，就像我们现在看书一样，很多人还是愿意拿着纸质本去看，不是所有人都愿意用电脑去看，感觉是不一样的。

2014年底到2015年初，由香港特区政府康乐及文化事务署与敦煌研究院联合主办的"敦煌——说不完的故事"大型展览在香港文化博物馆揭幕。这个展览非常轰动，也让敦煌文化能够在香港扎根，让香港人民能够对中华文化产生认同发挥了一定的作用。没有文化的认同，怎么能有对民族的认同呢？

图16　平山郁夫先生与段文杰院长

在敦煌学研究的发展过程中，我们不能忘记1984年以后国际社会对我们的支持。我们要记住两位老人，一位是段文杰先生，一位是著名的日本画家、联合国亲善大使平山郁夫先生，他们开创了敦煌国际合作先河（图16）。段先生曾经到日本举办展览，传播敦煌艺术文化。平山郁夫先生到敦煌后，他们开始考虑怎么为敦煌研究院的发展做一些贡献。首先想到的是培养人才。从1984年开始，东京艺术大学便不断为敦煌研究院培养美术、敦煌学、文物保护方面的人才。敦煌研究院与东京艺术大学于2014年2月签订了第二个30年合作协议，这是非常重要的举措。文化的力量不可阻挡，文化作为润滑剂，会消融国与国之间的隔阂，历史毕竟要往前走。此外，来自美国、英国、澳大利亚以及日本其他机构的一些专家也加入到敦煌保护、研究和弘扬的行列中来，没有他们的参与，敦煌的保护、研究和敦煌研究院的发展是没有今天的！我们永远需要这样的合作伙伴。只有通过这样的合作，我们的文化才能得到保护,我们的文化也才能传播到其他的国家,传播到其他的文化中去。我们与国内外的相关机构联合培养文物保护人才,既有来自国内高校、遗产地的青年人才,也有来自日本的一些年轻人,形成一个双向交流。现在,敦煌在国内壁画、遗址保护方面已经处于前沿,建立了文化遗产领域第一个国家工程技术研究中心,保护技术已经辐射到西藏、新疆、内蒙古、山西、宁夏、河北、山东等地区,在这些省和自治区都建立了工作站,培养当地的文物保护人才,实现共同发展。敦煌研究院已经成为一个庞大的学术机构,承担着敦煌石窟的保护、研究、弘扬三大任务,所有的工作人员加起来已经接近1000人,而这1000人的发展规模是从6个人开始的。

(四)新旅游模式助力石窟保护

随着旅游业的发展,另外一个非常巨大的压力也摆在了我们面前,敦煌莫高窟于1979年对外开放,当时游客每年不到2万人,到了2014年已经超过了80万,而且百分之七八十都集中在七、八、九、十月初。80万的游客量放在其他遗产地可能不会有太大的压力,比如故宫博物院的年游客量为1000多万人,有时候一天就有十几万游客。但是在敦煌莫高窟,一是客流量集中,二是洞窟非常狭小,所以压力是非常大的。当然,应对措施也是与时俱进的。樊锦诗院长在2003年提出一个提案,建立游客服务中心,当时也不知道应该怎么建立,建成什么样,最后在不断进行可行性研究的过程中形成了今天的预约参观模式。数字展示中心前后花费了10多年的时间,从2003年提出来先做可行性研究,到2009年才获得了国家批准,经过5年的研究设计,到2014年9月10日正式对外开放(图17)。这是一个负责任的文化旅游模式,不是强行加给游客的一个环节。当经过这样一个模式的游览以后,你会了解到更多与敦煌有关的自然和历史文化背景,了解更多的洞窟艺术及价值,也会感受到敦煌保护工作的巨大压力,也会理解管理者的良苦用心。敦煌研究院相关人员做了1000

图17　敦煌研究院数字展示中心外景

份游客调查，结论是99%的游客是满意的，能够理解这样一个模式。但这仅仅是开始，我们还要做好更多服务，给游客提供更多的令人满意的体验。

当游客抱着朝圣的心情、安放心灵的想法到了敦煌，我们一定要让他们真正得到想得到的东西，让他们在离开的时候觉得没有白来。欣慰的是，数字展示中心发挥了它的效应，得到了大家的认可。令人感动的是，游客能够理解我们的良苦用心，能够理解敦煌石窟保护的重要性。如果没有社会大众对保护的理解，没有社会大众自发、自觉的意识，我们的工作是没有办法开展的。我要感谢所有的同事们，感谢他们付出的艰辛，感谢他们的坚持，我们一定要把这样一个模式坚持下去，不仅提供有特色的影片，而且传播对文化遗产的敬畏之心。希望大家能够把这样一种思想传递给你周围的朋友、亲人，让我们形成一个强大的保护力量，共同把这份遗产延续下去。

三、以开放、包容的姿态迎接未来，继续将保护、研究、弘扬事业推向前进

未来的敦煌研究院将会以一种更加开放的姿态、更加开阔的胸怀，来吸引国际、国内各个方面的专家学者加入研究队伍，尤其是希望青年学者能够加入进来。

敦煌研究院未来会实施很多计划，其中一个就是青年学者计划，希望邀请各个国家拥有不同文化背景甚至不同宗教信仰的年轻学者到敦煌来。现在正在启动一个针对伊朗的青年学者计划，希望以这样的访问计划为契机，吸引更多的人加入进来，让他们通过研究，向自己的国家和人民去传播敦煌文化的内涵。另一个计划就是敦煌文化进校园，从2014年12月开始，让敦煌当地的中小学生免费参观数字展示中心，包括接送车辆都是由敦煌研究院免费提供的，效果非常好。学生们在看完影片以后都非常感慨，在故乡有这么多、这么好的文化遗产。很多孩子是第一次到莫高窟，在向父母讲述自己的感受时，会感染全家人。我认为，我们要抓住这些孩子。下一步还要扩大到周边的县、市，往后还要扩大到甘肃省范围内贫困家庭的孩子们。敦煌研究院在管理文化遗产的同时，在研究、保护它的同时，一定要把保护的成果与大众分享，不能变成敦煌研究院的独有财产。今天的社会已经是一个开放的社会，不是相对独立封闭的社会。古人留下的东西一定要让我们的后人共享，从中汲取营养，汲取力量。当然，我们做这样的努力，在享受文化、安放心灵的同时，也是为我们的后代保存这些文化遗产，所以保护还是第一位的，要得到全社会的理解和认同。为了一个真实完整的敦煌能够传给我们的下一代，需要社会各界的努力，需要在座各位对我们的理解和支持，谢谢大家！

【互动环节】

提问1：您刚才提到希望敦煌的孩子们都能够有民族自豪感和对敦

煌这片故土的自豪感，如果有机会，我建议敦煌研究院的专家能做一个

民间的普及活动，相信会有很多中小学老师以及民间人士愿意来参加这个培训班。在敦煌研究院建院周年纪念的时候，我希望能够开展一个活动，那就是站在所有中小学的讲台上发出共同的呼吁。我希望敦煌研究院能考虑一下这个建议，非常感谢！

回答：你的这个建议非常好，这也是我们下一步的努力方向，就是文化遗产进校园活动。现在正在开展每年的文化遗产日、古迹遗址日进校园活动，未来我们希望将其变成一个常态，变成一个项目，跟当地的中小学校联合开展。把学者们潜心研究的成果通俗地传播出去，一定要接地气，一定要让老百姓感受到这种文化的力量。

提问2：我去过敦煌莫高窟几次，看到有部分壁画是裸露在墙体外面的，这样的一些壁画是已经处理过了，还是现在暂时没有办法去保护？

回答：墙体外面的壁画，与洞窟里的壁画在制作工艺方面是不一样的，其地仗是石灰地仗，相对保存得好一些，受水、风影响会小一些。但是我们没有更好的办法，使它不会受到一点破坏。我们已经进行一些适当的加固，至少能够保持它的稳定，但退化是必然的。这也给我们提出了一个要求，让我们加快步伐找到让它能够长期保存的一些方法。

提问3：人呼出的二氧化碳、洞窟内设置的灯光，以及手电筒的灯光，这些都可能会对壁画造成伤害，这么多的游客是否会对壁画产生一些不好的影响？我今天参观了洞窟以后，看到展厅里面有一些临摹的洞窟，我觉得是否可以更多地采用这样的形式让普通游客来了解敦煌文化？

回答：这个担忧确确实实是客观的，游客的到来确实会引起洞窟内温度、相对湿度、二氧化碳浓度的升高，包括对空气的扰动等，这些都是影响因素，但是影响具体有多大，我们必须用科学数据去证明。作为一个科技工作者，我们必须要拿出准确的数据来让公众信服。研究结果表明，相对湿度增高以后对壁画有影响，所以莫高窟的游客承载量成了一个研究课题。游客承载量研究的结果，让我们非常忧心。莫高窟的最大游客承载量是3000人，可是从2000年以后有时会突破到4000人，甚至达到5000人，最极端的是"十一黄金周"，一天会超过2万人，这就迫使我们必须要找到一种替代方法，至少是可以部分替代的方法。陈列中心是段文杰院长提议的，但是因为游客大部分是想进真实洞窟的，根本不想去复制洞窟，所以陈列中心的作用没有发挥出来。数字展示中心是另外一种替代方式，使承载量能够放大到6000人，使洞窟的基本参数不超标。这6000人怎么放大的呢？通过数字展示中心的参观，游客可以提前了解莫高窟的自然和历史文化背景，过去所有的活动都是在洞窟里头完成的，现在提前完成部分活动，大大压缩游客在洞窟里的时间，进去感受一下，讲解内容非常少，更多的是从洞窟出来后，与讲解员的互动交流。这需要所有人都能够理解这样一种模式，如果这个模式被打破的话，那么过去的那些努力都付诸东流，文物最终被游客破坏将成为现实。

提问4：在榆林窟参观时，我印象最深刻的是榆林窟的壁画比莫高窟壁画保存得更加完整，请问主要原因是什么？

回答：实际上，你在莫高窟看到的壁画也是比较完整的，有很多不完整的壁画并未对外开放。在榆林窟，你们看到的壁画是比较晚期的，所以保存相对比较完整。另外一点就是其受到的光线影响比较小，甬道比较深，颜料变色或褪色会小一些。但是，榆林窟不少洞窟破坏得比莫高窟要严重，尤其是顶层洞窟。榆林窟的降雨比莫高窟大一点，洞窟比较薄，降雨渗透下来，顶上的那些壁画就都没了。实际上，榆林窟壁画受到的影响与莫高窟壁画差不多。

提问5: 我想问一下敦煌研究院有没有借助如动漫这样的新形式或新媒体，来丰富敦煌文化，让全国人民更好地去了解敦煌文化，去了解文物保护现状？

回答: 谢谢这位同学提出的问题，你的关切点也是我们现在正在努力的一些方向。实际上在动漫方面，美术所的一些年轻人已经制作了很多不错的产品，有些人甚至获了奖。但是如何推出去，需要大量经费的支持，还有怎么通过媒体去运用的问题。制作出来的动漫作品，最开始是希望大家能在网络上进行分享，但为了保护知识产权就暂时放到了陈列馆，就是正在准备申建的艺术馆。我们还希望借助更多的社会力量，合作制作一些动漫节目。比如，我们跟香港城市大学有一个合作项目，就是让壁画动起来，让胡旋舞跳起来，让乐器也从壁画里出来奏出优美的乐曲。我们正在努力寻找经费支持陈列馆的建设，让敦煌文化更广泛地传播，仅仅依靠现有的模式，每年也就是80多万的游客量，甚至将来可以发展到300万，那也仅仅是300万，但是通过你刚才说的那种形式，就是几个亿的数据甚至更多。

提问6: 敦煌来了很多游客，大家都有一个问题：莫高窟可能多少年以后就要慢慢消失了。那么，敦煌研究院是怎样去考虑敦煌文化和敦煌艺术的传承、发展、发扬的？

回答：这个问题问得非常好。莫高窟已经存在了1000多年，有人问我，莫高窟还会存在多少年，我说："那怎么也得再存在1000多年吧。"但是保护是有限的，它总有一天会消失。我们要问自己一个问题：保护的目的是什么？是为了保护而保护吗？我们把莫高窟保护下来是为了传承，为了让更多的人从中汲取力量、汲取营养。如果就把它保护在洞窟里，不让任何人去看，这样有什么意义呢？莫高窟文化必须要从洞窟里走出来，传播到每个人的心中，这需要大量的宣传，从不同角度研究它，发掘它的价值并传播出去。这要通过合适的手段和工具来传播，让大家能够享受到。在享受的过程中，不同的人会获得不同的东西。对于从事美术方面工作的人，可能会影响他的创作，他会创造新的东西，从而影响现在的人和社会。对于学习或研究哲学的人，他会从中找到一些哲学问题的答案，甚至找出新的哲学研究问题。对学习或研究历史学的人来讲，他会从敦煌历史发展的过程进行反思。传承和发展是必需的，否则它就是个死的东西。怎么把死的东西变活，需要大家共同努力。文物本来是不能动的，我们现在的研究成果还处于静止状态。一个学者在杂志上发表文章，杂志就放在书架里，或者出一本书，也就是放在书架上，放在图书馆里，这是一种目的。但是，更重要的是需要把这些研究成果让更多的人享受到。弘扬、传承工作是敦煌研究院下一步的主业。我们也愿意跟社会各界合作，把这项工作做好，把这个创新的事业往前推进一步，我们自己的力量确实非常有限，需要全社会的参与，谢谢你提到这个问题。

提问7: 您在讲座中一直在讲传承, 我生在敦煌、长在敦煌, 但是每当外地的朋友让我介绍敦煌, 我能说的也只是千佛洞。刚才您也说了, 希望能把敦煌市的孩子都组织来参观数字展示中心, 我希望这里能包括七里镇油田的孩子。据说莫高窟每天的承载量是3000人, 是否能将旅游的集中量分散到冬季?

回答: 我首先要表示歉意, 没有及时把七里镇的孩子们邀请过来。我们会把这件事情纳入工作计划, 这是我们必须做的, 这不是敦煌研究院给大家的恩赐, 而是一种义务, 是一种担当! 我们希望在做好保护工作的同时, 拿出一部分费用用于教育和传播。我们今年也列了一部分经费, 明年要加大这项经费的预算。也谢谢你提醒我们, 今年冬天一定要安排进行!

提问8: 您好! 敦煌石窟保护是一项伟大而艰辛的工程, 那么就目前来讲, 敦煌石窟保护所面临的最大问题是什么? 另外, 以现有的保护手段和技术, 莫高窟有没有可能得到永久性保存?

回答: 这个问题非常好, 很多人都在关心这个问题。目前, 自然因素方面, 地震没有办法预报, 但是可以提前做适当预防; 其他因素, 包括沙尘暴, 都可以加以控制, 将其对洞窟的影响降到最小。所以, 除了地震, 任何自然的因素我们都可以应对。不好控制的是旅游业的发展, 如何在旅游业与文物保护之间找到一个平衡, 这是一个具有挑战性的课题。这个平衡, 只靠文物保护机构是没有办法实现的, 需要当地政府、相关行业共同去寻找, 我相信是能够找到的。如果所有人能够为了把文化遗产传承给更多的人, 传承给我们的子孙后代, 把大利放在第一位, 把小利放到第二位, 那么我们的压力就会稍微小一些。如何找到一个可持续发展模式? 地方政府应该有一定担当。如何能够让地方政府理解文化遗产保护机构的初衷, 文化遗产保护机构也要有所担当。大家共同担当。面对这样一个现在看来不可调和的矛盾, 我还是有一定信心的。

提问9: 我想请问您两个问题。第一个问题是, 现在要逐步实现敦煌藏经洞文献的数字化回归, 回归后社会公众如何分享这些文献, 有没有具体方式? 第二个问题是, 敦煌研究院准备采取一种开放式研究, 吸引社会公众参与敦煌文化的价值发掘, 那么社会公众可以通过什么样的渠道和平台来参与互动?

回答: 谢谢你提这样两个问题, 使我有机会跟大家介绍一下敦煌研究院现在和未来要做的一些事业的规划。

关于数字化回归, 我们走出了第一步。下一步, 我们准备跟大英图书馆、大英博物馆进行协商。当然, 我们需要通过一些渠道, 找到一些有分量的人物来穿针引线。藏经洞出土文物逐步数字化回归以后, 我们要加以整理、研究, 对相关研究学者是开放的, 但必须到敦煌研究院来, 因为根据协议, 只有敦煌研究院可以免费使用和下载。如果作为学术研究, 在使用的时候要注明, 这个不存在利益的问题。如果用于商业运作, 那么必须要交一定的费用, 还有知识产权的保护费用。在公众层面, 只能通过学者的研究再传播出去。但是, 将来我们会把它变成一个数据库, 变成资源库, 选出一些有代表性的、确实对公众有意义的信息推送出去, 让大家去了解, 就这是数字化回归以后对这些资源的利用。

第二个, 引导社会资源加入敦煌学研究, 实际上是我们一直在做的一项工作。但是，因基础保障条件的限制，步子迈得不是很大。一方面，一些学者所需的基本研究条件、经费，没有保证，没办法满足；另一方面，知识产权保护的一些规则没有确定。尽管如此，敦煌研究院的大门还是开放的，为所有的学者提供优惠的服务，比如看洞窟，有些是免费的，有些是半价的。只要按照规定得到批准，学者可以得到所需要的任何资料。敦煌学信息中心是免费开放的。下一步，我们准备把它变成一个常态，在网上公布一些学者计划，包括对青年学者的资助项目。我们正在与美国的一个敦煌基金会协商国际访问学者计划，由他们筹款来支持国际的学者到敦煌来做研究。中国敦煌石窟保护研究基金会的一位老师捐了50万元的种子基金，希望以此来吸引更多社会人士来捐款，以培养年轻学者。我希望，这些计划能持续下去，并吸引越来越多的年轻学者加入敦煌学的研究队伍！